Orangerieträume in Thüringen

Helmut-Eberhard Paulus

Orangerieträume in Thüringen

Orangerieanlagen der Stiftung Thüringer Schlösser und Gärten

Herausgegeben von der
Stiftung Thüringer Schlösser und Gärten

mit Beiträgen zu den Objekten von:
Catrin Lorenz, Helmut-Eberhard Paulus und Günther Thimm

Große Kunstführer der
STIFTUNG THÜRINGER SCHLÖSSER UND GÄRTEN
Band 2

SCHNELL + STEINER

Die Abbildung der vorderen Umschlagseite zeigt:
Schloss Sondershausen, Eingangsbereich zum Westflügel mit Lorbeerbäumchen

Bibliografische Informationen Der Deutschen Bibliothek
Die Deutsche Bibliothek verzeichnet diese Publikation in der
Deutschen Nationalbibliografie; detaillierte bibliografische Daten
sind im Internet über http://dnb.ddb.de abrufbar.

Große Kunstführer der Stiftung
Thüringer Schlösser und Gärten
Band 2

© 2005 Verlag Schnell & Steiner GmbH
Leibnizstraße 13, 93055 Regensburg
Redaktion und Layout: Helmut-Eberhard Paulus und Susanne Rott
Satz: Punkt für Punkt GmbH · Mediendesign, Düsseldorf
Lithos, Druck: Erhardi Druck GmbH, Regensburg
ISBN 3-7954-1789-9

Diese Veröffentlichung bildet Band 223 in der Reihe „Große Kunstführer" unseres Ver-
lages. Begründet von Dr. Hugo Schnell † Dr. Johannes Steiner †

Weitere Informationen zum Verlagsprogramm erhalten Sie unter:
www.schnell-und-steiner.de

Inhaltsverzeichnis

Geleitwort

Thüringen ist das Land der Schlösser und Residenzen. Was wären diese Bauten ohne ihre prachtvollen Gärten und Parkanlagen! Ein Kleinod dieser Gartenkunst bilden die Orangerien. Umweht vom Duft der Orangen- und Zitronenblüten bringen sie einen Hauch von südlichem Flair in die Mitte Europas.

Die Sehnsucht nach südlichen Gefilden regte die reichen Herrschaften und ihre Gärtner im 17. und 18. Jahrhundert dazu an, Räume im Garten zu schaffen, in denen die Pflanzen aus dem Süden üppig wachsen konnten. Umfangreiche Sammlungen von Zitronen- und Orangenbäumen, Granatäpfeln, Myrte, Lorbeer, Oleander und Rosen sowie architektonisch aufwendig gestaltete „Orangerie-Schlösser" bereicherten die Thüringer Höfe. Die Orangerien sind historische Denkmale und lebendige Kunstwerke.

Die Bauwerke und Gärten haben architektonisch, kunsthistorisch und landesgeschichtlich eine herausragende Bedeutung für die Kulturlandschaft Thüringens und verdienen öffentliche Aufmerksamkeit. Es freut mich daher sehr, dass sich die Stiftung Thüringer Schlösser und Gärten mit einer neuen Publikation den „Orangerieträumen in Thüringen" widmet. Ein aufwendiger Kunstführer, in dem faszinierende Gartenparadiese vorgestellt werden, darunter die Orangerie von Schloss Friedenstein in Gotha und der Gartensaal des Sommerpalais in Greiz. Darüber hinaus informiert das Buch über die Geschichte, die vielfältigen Nutzungsmöglichkeiten und die Gestalt der Anlagen. Es diskutiert Probleme ihrer Bewahrung und führt die Leserin und den Leser mit historischen Abbildungen und neuen Fotos durch die Orangerien.

Ich wünsche der Publikation viele interessierte Leserinnen und Leser. Und überzeugen Sie sich selbst: Die Thüringer Orangerieanlagen sind kleine Paradiese. Lassen Sie sich von ihrer mediterranen Atmosphäre verzaubern.

Dieter Althaus
Ministerpräsident des Freistaates
Thüringen

Vorwort des Herausgebers

Mit diesem Band über die Orangerieanlagen der Stiftung Thüringer Schlösser und Gärten, der sich speziell dem besonderen Bezug stiftungseigener Bauten und Gartenanlagen zur Orangeriekultur widmet, kann nun der zweite Band in der Reihe der Großen Kunstführer der Stiftung Thüringer Schlösser und Gärten vorgelegt werden. Die Herausgabe auch dieser Publikation steht ganz im Zeichen des öffentlichen Auftrags der Stiftung, zu dem auch die Offenlegung vielfach verschütteter kultureller Zusammenhänge und Bedeutungsinhalte in den Objekten der Stiftung gehört. Dem Stiftungsauftrag entsprechend ist für die anvertrauten, kulturhistorisch bedeutsamen Liegenschaften eine umfassende Fürsorge im Sinne des Kulturgutschutzes zu gewährleisten. Ein von der Stiftung angestrebtes Ziel ist es daher, die Liegenschaften im ganzheitlichen Sinne zu pflegen, umfassend zu erforschen, ungeschmälert der interessierten Öffentlichkeit zu erschließen und inhaltlich angemessen zu vermitteln. In den darauf abgestimmten Publikationen stehen das lebendige Tradieren der kulturellen Werte von Generation zu Generation und eine ansprechende Vermittlung des richtigen Umgangs mit den Werten im Vordergrund. Gerade auch in Vergessenheit geratene gartenhistorische Zusammenhänge bedürfen der qualitätvollen inhaltlichen Vermittlung und einer Belebung des verständnisvollen Umgangs damit.

Die Großen Kunstführer der Stiftung Thüringer Schlösser und Gärten sind eine Ergänzung der Amtlichen Führer und widmen sich daher Themen, die den üblichen Rahmen der Amtlichen Führer überschreiten, sei es, weil mehr als nur ein Objekt Gegenstand der Abhandlung ist, oder sei es, dass übergeordnete oder zusammenfassende Aspekte angesprochen werden müssen. Die Denkmallandschaft in ihrer Gesamtheit, Verhaltensregeln des angemessenen Umgangs mit dem Kulturgut oder die touristische Erschließung einer Kulturregion bilden daher die spezifischen Schwerpunkte dieser Reihe.

In besonderer Weise ist den Autoren des Bandes zu danken. Den größeren Teil der Texte stellte Dr. Helmut-Eberhard Paulus sowohl auf der Grundlage älterer Forschungen als auch seiner praktischen Tätigkeit in der Stiftung Thüringer Schlösser und Gärten zur Verfügung. Die weiteren Autoren, Frau Dipl.-Ing. Catrin Lorenz und Herr Dipl.-Ing. Günther Thimm, lieferten wichtige ergänzende Beiträge zu den Objekten der Stiftung Thüringer Schlösser und Gärten, denen der zweite Abschnitt des Bandes mit den Einzeldarstellungen gewidmet ist. Für den Abbildungsteil wurde weitgehend auf das Bildarchiv der Stiftung Thüringer Schlösser und Gärten zurückgegriffen. Die verantwortungsbewusste Wahrnehmung des Lektorats oblag Frau Dr. Susanne Rott. Dank gilt darüber hinaus allen übrigen Mitarbeitern der Stiftung Thüringer Schlösser und Gärten, die zur erfolgreichen Herausgabe des Bandes beitrugen. Auch allen anderen, die an der Herstellung und Bebilderung dieser Publikation beteiligt waren, ist herzlich zu danken.

Dr. Helmut-Eberhard Paulus
Direktor der Stiftung Thüringer
Schlösser und Gärten

Seite 8:
Schloss Molsdorf,
Kübelpflanzen-
reihe vor der
Gartenfassade
des Schlosses

Zitruspflanze im
Hof von Schloss
Heidecksburg,
Rudolstadt

Helmut-Eberhard Paulus

Orangerie – der realisierte Traum von der Antike als Paradies

Vom Goldenen Apfel zur Orange – der Import der Zitrusbäume nach Mitteleuropa

Die Orange ist im heutigen Allgemeinverständnis neben der Limone zum Synonym für die Zitrusfrucht schlechthin geworden. Nur wenige sind sich bewusst, dass der heutige selbstverständliche Umgang mit diesen Früchten auf einer langen botanischen und kulturellen Rezeptionsgeschichte beruht. So kommt die Orange wohl ursprünglich aus dem indonesischen Raum. Aus China sind die frühesten urkundlichen Hinweise auf ihre Kultivierung und die Unterscheidung ihrer verschiedenen Arten bekannt.[1] In der deutschen Sprache fungiert die Bezeichnung „Orange" häufig als Sammelbegriff für Zitrusfrüchte ganz allgemein. Die Ausbreitung der Zitrusfrüchte und ihrer Pflanzen vom ostasiatischen Raum über Indien bis nach Europa vollzieht sich für die einzelnen Arten jedoch sehr unterschiedlich, sodass es in kulturgeschichtlicher Hinsicht gewisser Differenzierung bedarf: Die älteste in Europa bekannte Zitrusfrucht ist die heute eher unbekannte Zitronat-Zitrone (*citrus medica*), die in den romanischen Ländern Cedro genannt wird. Schon um 500 v. Chr. war die Zitronat-Zitrone in Persien bekannt. Über die Eroberungszüge Alexanders des Großen 334–324 v. Chr. findet sie Eingang in die Kultur der antiken Welt rund um das Mittelmeer. Theophrast (371–287 v. Chr.) bezeichnet sie als den „Medischen" oder „Persischen Apfel" (*malus medica*).[2] Der römische Dichter Vergil (70–19 v. Chr.) nennt sie den „Goldenen Apfel" oder Glücksapfel (*felix malum*). Im Wege der Gleichsetzung mit den „Hesperidenäpfeln" wird die Zitronat-Zitrone auch zum Gegenstand der antiken Mythologie und zu einem gängigen Attribut der olympischen Götterwelt.[3] Im Rahmen der Überlieferung der antiken Götterwelt bis in die Gegenwart wird sie zum vielschichtigen Bedeutungsträger.

In der klassischen griechischen Version des Hesperidenmythos spielt neben dem halbgöttlichen Helden Herkules die Göttin Hera eine zentrale Rolle. Dabei werden die sagenhaften Zitruspflanzen mit ihren goldenen Früchten mittels mythologischer Umschreibung herkunftsmäßig einem vagen geographischen Bereich um die Kanarischen Inseln im Ozean (Okeanos) westlich von Afrika zugewiesen. Die Inbesitznahme der Goldenen Äpfel durch Herkules gilt als Anbruch des Goldenen Zeitalters. Der Anbruch dieser von den Tugenden geprägten Epoche führt nach der Handlung des Hesperidenmythos schließlich dazu, dass die zunächst aus reiner menschlicher Begehrlichkeit geraubten Äpfel zu guter Letzt doch als Heiligtum der Götter erkannt und verehrt werden und so einen besonderen Weg der Erkenntnis symbolisieren: Der antike Mythos beginnt mit der Hochzeit des Weltenherrschers Zeus und der Göttermutter Hera. Nach der Überlieferung findet das Hochzeitsfest bei Okeanos am westlichen Rand der Erde, in einem besonders fruchtbaren Land statt. Als Hochzeitsgeschenk lässt die Erdgöttin Gaia vor den Augen der Braut einen wunderschönen Baum mit goldenen Früchten erwachsen. Hera bringt diesen geschenkten Baum mit den goldenen Früchten in den Paradiesgarten, der den Göttern vorbehalten ist und von Ladon, der hundertköpfigen Schlange, bewacht wird. Zu den Hüterinnen des Baumes bestimmt Hera die Hesperiden, die drei gemeinsamen Töchter von Atlas und der Nacht (Nyx). Doch die von den Hesperiden wohl behüteten goldenen Früchte der Bäume wecken die menschliche Begehrlichkeit. So beauftragt Erystheus, der Herrscher von Mykene, den Helden Herkules, ihm in Erfüllung

Der Drachentöter Herkules als Sinnbild der „Virtus" im Hesperidengarten, nach Ferrari, 1646

einer der berühmten zwölf Taten die Goldenen Äpfel der Hesperiden zu bringen. Für Herkules stellt sich damit eine Aufgabe, wie sie nur von einem Unsterblichen erfüllt werden konnte. Selbst Herkules sollte sich nach einer der Versionen des griechischen Mythos der Mithilfe des Atlas bedienen, dem das Schicksal auferlegt war, im äußersten Westen Afrikas das Himmelsgewölbe zu tragen. Atlas war bereit, die Äpfel zu holen, sofern Herkules im Gegenzug das Himmelsgewölbe trüge. In einem sinnrei-

chen Spiel von gegenseitiger Überlistung gelang es Herkules schließlich doch, an die goldenen Früchte zu kommen und dennoch das Himmelsgewölbe Atlas wieder aufzubürden. Nach einer anderen Version des Mythos erlangte Herkules die Früchte ohne das Zutun des Atlas. Jedenfalls eilte Herkules mit den aufwendig erworbenen Goldenen Äpfeln zu seinem Auftraggeber Erystheus, der nun aber die Früchte nicht mehr haben wollte, weil er sie doch als das Eigentum der Götter erkannt hat.

Neben der Zitronat-Zitrone, die schon zur Antike im Mittelmeerraum allgemein verbreitet war und auch außerhalb des Hesperidenmythos zum Gegenstand vielfacher Symbolik wurde, gehören zur Familie der Zitrusfrüchte noch zahlreiche weitere Arten. Erst über den arabischen Kulturkreis am Mittelmeer, durch die Kreuzfahrer des Mittelalters oder schließlich die portugiesischen Handelsreisenden der Neuzeit wurden diese in Europa bekannt. Sorten wie Grapefruit und Mandarine gelangten gar erst im 19. Jahrhundert nach Europa. Für die Orangeriekultur um 1700 in Mitteleuropa wird zweifelsohne die Pomeranze oder Bitterorange (*citrus aurantium*) zur wichtigsten Pflanze. Sie kam ebenso wie die in Frankreich und Deutschland als Zitrone bezeichnete Limone (*citrus limon*), die Limette oder Lima (*citrus aurantiifolia*) und wohl auch die Pampelmuse auf Vermittlung der Araber vom 10. bis 11. Jahrhundert in den Mittelmeerraum und damit auch nach Europa. So kann die Pomeranze erstmals für das Jahr 1002 auf Sizilien[4] und im 11. Jahrhundert in Sevilla nachgewiesen werden. Die Limone, ebenfalls im 11. Jahrhundert in Sevilla und Toledo nachgewiesen, gelangte wohl durch Kreuzfahrer nach Genua und wurde dort im Jahr 1369 in den Annalen erwähnt. Die seit dem 10. und 11. Jahrhundert von arabischen Kaufleuten im Mittelmeerraum und Europa verbreiteten Orangenbäume tragen noch die Früchte der „bitteren Orange", des „Pomo d'aranzo", der Pomeranze.[5] Die Bäumchen hatten also nur kleine Früchte von schrumpeliger, glanzloser Schale, die nicht zum direkten Verzehr geeignet und damit den heutigen Orangen kaum vergleichbar waren. Doch wie die Blüten, so hatten auch die Früchte ein starkes Aroma, sodass sie besonders für Medikamente, Essenzen und kulinarische Aromata an Bedeutung gewannen. So empfiehlt etwa ein hispano-arabisches Rezept schon aus dem 13. Jahrhundert eine „Orangencreme" als Medizin bei Völlegefühl, Mundgeruch und kalter Nase.

Italien und Sizilien werden zum Ausgangspunkt der verfeinerten neuzeitlichen Orangeriekultur. Schon im 14. Jahrhundert erwählt die Familie der Medici in Florenz Zitrusbäume zum Sinnbild ihres Stammbaumes. Die antike Bezeichnung *malus medica* war Auslöser für diesen metaphorischen Bezug. Die Brüder Lorenzo und Giovanni de'Medici, Söhne des Pierfrancesco de'Medici, kauften schließlich 1477 ihr Villenanwesen in Castello mit einem großen Bestand an Zitrusbäumen.[6] In eben dieser Villa Medici di Castello in Careggi nahe Florenz beauftragte schließlich 1537/38 der zu neuen Herzogswürden gelangte Cosimo I. de'Medici den Künstler Tribolo mit der Umgestaltung der Gärten und ließ dabei Zitruspflanzen in einer bis dahin kaum bekannten Üppigkeit kultivieren, um sie rund um einen Herkulesbrunnen aufzustellen.[7] Die vergrößerte Orangerie wurde so zur Metapher des wieder in die Regentschaft eingesetzten und zur Herzogswürde gelangten Hauses Medici. Florenz unter den Medici wurde zu den ersten Hochburgen der Orangeriekultur am Beginn der Neuzeit.

Ende des 15. Jahrhunderts ließ Alfonso von Aragón seine Villa Poggio Reale bei Neapel anlegen, in deren Terrassen er umfangreiche Pomeranzengärten integrierte. Der im Rahmen seines kriegerischen Abenteuers nach Italien gelangte französische König Karl VIII. konnte sie dort 1495 bewundern. Mit Begeisterung bezeichnete Karl VIII. seine Gartenentdeckungen in Italien als die wahren Paradiese. In großen Mengen verbrachte Karl VIII. sodann Zitrusbäume von Italien nach Frankreich, um, inspiriert durch das italienische Vorbild, diese in seine eigenen Gärten einzufügen. Überliefert ist die Aufstellung der Zitrusbäume in Amboise, wo sie in einem eigenständigen, nach Süden ausgerichteten Orangengarten Aufnahme fanden. Selbst den für die Pflege erforderlichen Gärtner, Pacello da Mercogliano, hatte Karl VIII. aus Neapel mitgebracht.[8] Unter seinem späteren Nachfolger, König Franz I., sollte Frankreich schließlich nach Italien zum zweiten europäischen Zentrum der Pomeranzenkultur werden. Als Franz I. 1522 die Güter des Herzogs Charles de Bourbon konfiszierte, ließ er bezeichnenderweise sämtliche Orangenbäume in sein königliches Schloss Fontainebleau schaffen, wo sie den Grundstock einer der prächtigsten Orangerien der Neuzeit bilden sollten.

Die Schlossbauten für Diane de Poitiers, für die königliche Mätresse sowohl König Franz' I. wie seines Sohnes Heinrich II., sollten weitere Höhepunkte der Orangeriekultur mit sich bringen. Als Philibert de l'Orme nach einem dreijährigen Italienaufenthalt von Heinrich II. mit dem Bau des Schlosses Anet beauftragt wurde, entwarf er einen eigenen Orangengarten für Diane de Poitiers.[9] Die „Orangerie", wie er den Garten nannte – ein Begriff, der hier erstmals auftauchte –, hatte den Charakter eines eingegrenzten Privatgartens, eines „giardino segreto". Ein seitlich flankierender Arkadengang war bereits zur Unterbringung der Pflanzen während der Wintermonate vorgesehen und bildete so den Prototyp für die später gängige Zueinanderordnung von Orangerieparterre und Winterungsgebäude.

Einige Jahre später, 1552, wählte Charles de Guise, Kardinal von Lothringen, für die Gartenanlagen seines neu erworbenen Schlosses in Meudon eine terrassenförmige Gestaltung. Die dabei anklingende Verwandtschaft zur Villa d'Este in Tivoli war kein Zufall, zumal die dortige Anlage des Kardinals Ippolito d'Este ihm über seine Schwägerin, Anna d'Este, die Schwester des Kardinals, bekannt gewesen sein dürfte. Meudon entwickelte sich damals zu einem außerordentlichen, noch im folgenden Jahrhundert gerühmten Zentrum der Orangeriekultur.[10]

Spätestens mit dem 16. Jahrhundert verbreitet sich die Orangeriekultur bis in das klimatisch weniger begünstigte Mitteleuropa. So dürfte der seit dem Altertum bekannte *citrus medica* insbesondere durch die Schriften Vergils der humanistischen Gelehrtenwelt nördlich der Alpen als *malus medica* ein Begriff gewesen sein. So unbestritten also die Bekanntheit des *malus medica* nördlich der Alpen auch ist, so erweist es sich doch als äußerst schwierig, die Verbreitung der Zitrusgewächse nördlich der Alpen im Einzelnen konkret nachzuweisen. Unstrittig dürfte sein, dass die Zitrusgewächse generell und die Zitronat-Zitrone im Besonderen im Laufe des 16. Jahrhunderts über Norditalien zunächst in Süddeutschland, schließlich aber in ganz Mitteleuropa verbreitet wurden. Spätestens im zweiten Viertel des 16. Jahrhunderts gelangten sie über die Alpen und wurden in Deutschland auch kultiviert. Schon 1531 vermisst Beatus Rhenanus im Garten der Fugger in Augsburg keines der aus Italien bekannten Gewächse, wozu mit Sicherheit auch Zitrusgewächse gehörten.[11] 1545 finden sie Eingang in den berühmten botanischen Garten von Padua und erlangen von dort eine gewisse Verbindlichkeit als Gegenstand neuzeitlicher botanischer Forschung für ganz Europa. Fast gleichzeitig mit der Zitronat-Zitrone dürfte auch der *citrus aurantium*, also die Pomeranze, im deutschsprachigen Raum aufgetaucht sein. So werden Pomeranzen 1539 in Straßburg und Metz, 1551 in Zweibrücken, 1554 in Passau und München nachgewiesen.[12] Um die Mitte des Jahrhunderts ist die Verbreitung so allgemein, dass eine Unterscheidung zwischen *citrus medica* und Pomeranze kaum noch stattfindet. Vor allem die Pomeranze – und mit ihr meist gleichgesetzt die Zitronat-Zitrone und später die Limone – wird zum zentralen Gegenstand der spätmittelalterlichen und frühneuzeitlichen Symbolik, vom Hesperidenmythos bis zur Mariensymbolik, von der fürstlichen Repräsentation bis zu Metaphern des Stammbaumes und zu Sinnbildern dynastischer Unsterblichkeit.

Eine zum direkten Verzehr geeignete Frucht sollte erst mit der süßen Orange, *citrus sinensis*, im 16. Jahrhundert in Umlauf kommen. Die aus Südostasien stammende süße Orange oder Apfelsine[13] kam mit dem europäischen Fernhandel in den Mittelmeerraum und so auch nach Europa. Vasco da Gama berichtete 1518 erstmals aus Indien von dieser süßen Frucht. Der Portugiese Juan de Castro importierte sie erstmals 1548 nach Portugal. In der Nähe von Lissabon, im Garten des Grafen von St. Laurent, soll der erste in Europa kultivierte Orangenbaum gestanden haben. Doch auch seine erstmals süße Frucht sollte noch kaum zum Konsumartikel im heutigen Sinne werden. Vielmehr fand sie ihre Verwendung bei Sonderprodukten, wie etwa der schottisch-englischen Orangenmarmelade, bei der Zubereitung von Parfüm oder exotischen Getränken. Auch bei der süßen Orange stand zunächst die Zierpflanze und weniger die Fruchtverwertung im Vordergrund. Als süße Variante der Pomeranzen wurde sie mit diesen weitgehend gleichgesetzt. Um 1700 gelangte das Wort „Apfelsine" (= Apfel aus China) über Holland schließlich in den deutschen Sprachgebrauch. Dies ist für Mitteleuropa auch die hohe Zeit der so genannten „Orangerien".

Zu Nutzpflanzen nach heutigem Verständnis entwickelten sich die Orangenbäume auch im 18. Jahrhundert nur zögerlich. Obschon bereits die Orangerie von Amboise unter dem französischen König Ludwig XII. verpachtet wurde und daher wie alle großen Orangerien nennenswerte Erträgnisse erbracht haben muss, kann doch von einem richtigen Obstanbau mit Zitruspflanzen erst ab circa 1780 gesprochen werden. Damals wurden im Süden und Norden Valencias zielstrebig erste Baumkulturen angelegt, die im Fruchtfleisch verzehrbare Orangen hervorbrachten. Erst mit diesen Plantagen entwickelte sich die Orange zum Konsumartikel und wird zum bürgerlichen Inbegriff der Südfrucht.[14] Der ursprünglich humanistische und später höfische Bedeutungszusammenhang war damals längst gesprengt, wenn nicht gar weitgehend in Vergessenheit geraten. An die Stelle der humanistischen Geisteswelt war zwischenzeitlich die persönliche Sehnsucht nach dem Süden getreten.

Zum Begriff „Orangerie"

Der Begriff „Orangerie" rührt von den Orangenbäumen her, streng genommen von den Zitrusbäumen, in deren Familie im 17. und 18. Jahrhundert die Pomeranzenbäume die wichtigste Teilkultur bildeten. Der Begriff „Orangerie" taucht erstmals im 16. Jahrhundert in Frankreich auf,[15] findet aber eine unterschiedliche, teils widersprüchliche inhaltliche Definition. Mitte des 16. Jahrhunderts bezeichnet der Begriff „Orangerie" den Orangengarten. Diese Begrifflichkeit belegt etwa die Bezeichnung, die Philibert de l'Orme seinem mit Orangenbäumen bestückten Gartenparterre in Schloss Anet gibt, das er im Auftrag König Heinrichs II. errichtete. Um 1600 taucht der Begriff zunehmend auch zur Bezeichnung der zur Orangerie gehörigen Gebäude auf. In dem 1679/80 erschienenen „Dictionnaire françois contenant les mots et les choses" wird die „Orangerie" als „Ort, an dem man Orangenbäume unterstellt", bezeichnet. Schon 1694 relativiert die Erstausgabe des „Dictionnaire de l'Académie française" diese einseitige Einschränkung auf die Gebäude und bezieht sowohl „den Garten, in dem die Orangenbäume aufgestellt sind" als auch den „geschlossenen Ort, in dem die Orangenbäume aufgestellt sind, damit sie nicht erfrieren", in die Definition des Begriffs ein.[16]

Hintergrund der im französischen Sprachraum entfachten Diskussion ist letztlich die Tatsache, dass der Begriff „Orangerie" ursprünglich als eine (allegorisch unterlegte) Funktionsbezeichnung für eine Sphäre fungierte, in der Sommerplatz und Winterung identisch waren, vergleichbar den italienischen Limonengärten mit ihren „im Grunde stehenden", also in der gewachsenen Erde fest verwurzelten Bäumen. Mit der Mobilität der Pflanzen und der gestalterischen Trennung der beiden jahreszeitlichen Komponenten in zwei verschiedene bauliche Anlagen, die funktional und allegorisch weiterhin ein- und derselben Sphäre zugehörig blieben, entstand nun das Problem, den einzigen Begriff zu zwei verschiedenen, architektonisch verselbstständigten Elementen in Beziehung setzen zu müssen. Die allgemeine Konfusion um den französischen Begriff „Orangerie" fand ihren Höhepunkt schließlich mit dem 1755 veröffentlichten Werk „Voyage pittoresque des environs de Paris" des Antoine Joseph Dézallier d'Argenville und der darin enthaltenen Feststellung, dass „das Gewächshaus für Orangen fälschlich Orangerie genannt wird".[17]

Der Begriff der Orangerie taucht 1731 auch in der einschlägigen deutschspra-

Winter-plaats, in den Hoff van d' H:r Pieter de Wolff:

chigen Literatur auf. Zu dieser Zeit, wie auch in der ganzen Epoche um 1700, wurde Orangerie weniger als Bautyp verstanden, also weniger als Bezeichnung für ein bestimmtes Gebäude oder für einen Typus der Hochbauarchitektur, sondern vielmehr als Zusammenfassung aller Zitruskulturen, als Begriff für die Ansammlung der Orangenbäume bzw. ihre Ordnung und Präsentation nach bestimmten ideellen und gestalterischen Prinzipien im Sommer und im Winter. Zedlers Universal-Lexikon definiert 1740 die Orangerie als den „von Citronen –, Pomerantzen –, allerhand ausländischen Bäumen und Gewächsen bey einem Garten vorhandenen Vorrath". Im deutschen Sprachraum wird zunehmend erst im späten 19. Jahrhundert der Begriff „Orangerie" mit dem Gewächshaus gleichgesetzt. So umschreibt 1910 das allgemein verbreitete, in Berlin erschienene Fremd- und Verdeutschungs-Wörterbuch von Günter Saalfeld den Begriff „Orangerie" gleichberechtigt mit „Pomeranzenzucht/Pomeranzenbaumsammlung" und „Gewächshaus". 1910 wurden also Garten und Bauwerk durchaus noch in ihrer Gesamtheit einer Orangerie zugehörig betrachtet. In den allgemeinen Sprachgebrauch des 20. Jahrhunderts rettete sich dann allerdings nur das Verständnis von Orangerie im Sinne von Gewächshaus. Auch das noch immer grundlegende Buch von Arnold Tschira: „Orangerien und Gewächshäuser", Berlin 1939, geht von diesem eingeschränkten, durch die Perspektive des Hochbauarchitekten geprägten Begriff aus und vertieft die einseitig „gebäudliche" Betrachtungsweise für das restliche 20. Jahrhundert.

Die zeitgenössische Literatur zu den vielseitigen Orangerie-Gesamtkunstwerken im 17./18. Jahrhundert kennt einen inhaltlich breiter definierten Orangeriebegriff.[18] Auf ihn muss man zurückkommen, wenn man die Dimension der Orangerie in der Neuzeit in voller Tiefe erfassen will. Dieser Begriff wird etwa umschrieben durch das 1722 erschienene, große Werk des Joseph Antoine Dézallier d'Argenville, das 1731 in Augsburg auch in deutscher Übersetzung unter dem Titel „Die Gärtnerei sowohl in ihrer Theorie oder Betrachtung als Praxis oder Übung" erschien.

Dort steht in der deutschen Übersetzung: „Der Orangen- oder Pomeranzenbaum ist unwidersprechlich der schönste unter allen wegen ihrer Blüte hoch geachteten Bäumen. Sein gerader Stamm, sein gleiches und ebenes Holz, seine großen und glänzenden Blätter, seine schönen Blüten, seine vortrefflichen Früchte, seine wohleingerichtete Krone und sehr schöne Grüne sind durchgehend so beschaffen, dass man sie bewundern muss. Man teilet die Orangerien in vielerlei Sorten, als Zitronen, Limonen, Bergamotten, Adamsäpfel, chinesische Pomeranzen und deren Unterschied darin bestehet, dass die einen hochstämmig, die anderen aber niedrig und dass bei den einen die Frucht süß, bei den andern aber herb ist."[19]

Und wenige Passagen später geht der Verfasser schließlich auf die für jede Orangenkultur wichtigen Winterungsgebäude ein: „Es sind gar viel Dinge, welche zur Erhaltung und Unterhaltung der Pomeranzenbäume dienen, nämlich ein gutes Gewächs- oder Glashaus, die Zubereitung der Erde, die Versetzung, die Gelegenheit oder Lage in dem Garten, die Art solche zu schneiden, die Begießung, die Zeit, solche ins Gewächshaus und wieder heraus zu bringen, die Art sie in dem Gewächshause zu warten und endlich wie man sie wider das ihnen nachstellende Ungeziefer zu verwahren. Jetzt wollen wir nun eines von allen diesen insbesondere abhandeln: Man kann so gewiss sagen, dass ein gutes Gewächsoder Glashaus das vornehmste Stück zur Erhaltung derer Pomeranzenbäume ist, und anderer Bäume, welche die Kälte nicht vertragen können. Vor allen Dingen muss ein solches Haus mit denen Fenstern gegen mittags gerichtet sein, niemalen aber gegen Mitternacht, wegen der Kälte und starken Winde, so daher kommen."

Zusammenfassend ist also festzustellen, dass es zum definierten Begriff „Orangerie" in Deutschland um 1700 bzw. im ersten Drittel des 18. Jahrhunderts kommt. Der Begriff wird verbal aus der französischen Literatur übernommen und definiert sich zur damaligen Zeit als Ansammlung von Orangenbäumen nach einem wie auch immer gearteten Gestal-

tungsprinzip. Das Gebäude für die Überwinterung erhält zu dieser Zeit eine ganze Reihe verschiedenartiger Bezeichnungen: Die bei Dézallier d'Argenville gewählte ist die des Glashauses, Gewächshauses oder Pomeranzenhauses. Sehr häufig ist damals auch die Bezeichnung Winterung oder Winterplatz, wie sie etwa auch von Commelyn in seinem 1676 erschienenen Buch über die Hesperiden verwendet wird. Als Beispiel hierfür präsentiert er in seinem Traktat mittels Abbildung die Orangerie des Pieter de Wolff.[20] Sie zeigt in gewisser Weise den einfachen Grundtypus einer Orangerie, bestehend aus Standplatz und Winterungsgebäude, die beide räumlich einander direkt zugeordnet sind.

Wollte man das Wesentliche einer Orangerie unter den damaligen Begriff subsumieren, so ist es die Zweiteiligkeit aus Sommerstellplatz und Winterung, also die formale Aufteilung in ein geschlossenes Gebäude, das zumeist als ein nur bei Frost beheiztes Kalthaus funktioniert, und eine Gartenfläche unter freiem Himmel. Essentieller Bestandteil der Anlage ist immer auch ein Wasserbassin. Bei allen gestalterischen Variationen vom 16. bis zum 19. Jahrhundert blieben diese Grundelemente immer bestimmend. Die Verwendung des Begriffs „Orangerie" ausschließlich für das Gebäude hat sich zwar heute umgangssprachlich eingebürgert und hat gerade in Architektenkreisen fast ausschließlich diese Bedeutung erlangt. Für die begriffliche Definition der historischen Orangerie ist diese reduzierende

Gleichsetzung mit dem Gebäude aber weder hilfreich noch notwendig, da für das Gebäude die allgemeineren Begriffe des Glashauses, Winterungsgebäudes, Treibhauses oder Gewächshauses zur Verfügung stehen, die zudem nach Kalthaus und Warmhaus differenziert werden können. Von einem Orangeriegebäude sollte in der Tradition des Begriffs wirklich nur dann gesprochen werden, wenn ein tatsächlicher oder historischer Zusammenhang zur Orangeriekultur nachweisbar ist.

Die Zitrusfrucht als Symbol – die Orangerie als Sammlung

Im Mittelalter war vorrangig die Zitronat-Zitrone als zunächst einziger Vertreter aus der Familie der Zitrusgewächse bekannt und im gesellschaftlichen Leben von Bedeutung. Die Kenntnisse des Mittelalters um diese Frucht gingen dabei auf die Antike und die Überlieferung in den damals bekannten Schriften des Vergil und des Plinius zurück. So spricht der römische Dichter Vergil (70–19 v. Chr.) in seinen „Georgica" vom Glücksapfel *felix malum*, dessen Saft einen jämmerlichen, lang anhaltenden Geschmack habe, der aber ein herrliches Mittel gegen Gift sei. Auch der römische Gelehrte Plinius (24–79 n. Chr.) widmet sich der Pflanze, die schon im Laufe des 1. Jahrhunderts n. Chr. in Rom heimisch geworden war. Er verwendet erstmals für sie den Begriff „Zitrus".[21]

In der mittelalterlichen Literatur taucht die Zitronat-Zitrone erst wieder bei Hildegard von Bingen auf. Sie bezeichnet den *citrus medica* als „Bontziterbaum" und führt dazu in ihrer Physica (Buch III, De Arboribus) aus, dass seine Blätter und Früchte als Heilmittel gegen Fieber dienen. Gleichzeitig bezeichnet sie den Baum als Sinnbild der Sittenreinheit („Castitas").[22] Die von Hildegard von Bingen angesprochene Symbolik dürfte die Grundlage eines Bedeutungszusammenhangs sein, der im Brauchtum um die Zitrusfrüchte noch weit bis in das 19. Jahrhundert eine Rolle spielt, nämlich in der Verwendung der Zitrone als Symbol der Ehrbarkeit und als Medium der Ehrenbezeugung. Darauf wird unter dem Gesichtspunkt des Brauchtums noch näher einzugehen sein.

Darüber hinaus spielt die Zitronat-Zitrone besonders im europäischen Judentum eine herausragende Rolle. Als Sinnbild des Herzens und als Symbol des Lebens wird sie unter dem Namen Ethrog zum Gegenstand der Rituale um das Laubhüttenfest. So überliefert bereits Flavius Josephus (37–100 n. Chr.) in seiner Geschichte der Juden den Gebrauch der Zitronat-Zitrone im Zusammenhang mit den Rundgängen des Festes: „Acht Tage sollt ihr ein Fest feiern und ein Opfer darbringen, und zur Versöhnung des Gottes ein Gebinde tragen, aus Myrthe und Weide und einem Palmzweig zusammengebunden, dazu einen Persischen Apfel."[23] Die religionsgeschichtliche Deutung setzt dabei den Palmzweig für die Wirbelsäule, das Ethrog für das Herz, die Myrte für das Auge und die Bachweide für den Mund. Im Rahmen der synagogalen Liturgie hat das Ethrog für die Sünden des Herzens, die Palme für den Stolz, die Weide für die schlechte Rede und die Myrte für die Lüsternheit des Auges einzustehen.[24]

Auch außerhalb des Judentums sollte die Zitrone schon früh im Mittelalter neben ihrer Bedeutung als Symbol der Ehrbarkeit auch als Symbol des Lebens, insbesondere des ewigen Lebens, von Bedeutung werden. Mit zu den ältesten bildlichen Darstellungen von Zitronen in Mitteleuropa zählt die Sayn'sche Zitrone von 1247. Das im Germanischen Nationalmuseum in Nürnberg befindliche geschnitzte Epitaph des Grafen Heinrich von Sayn zeigt den Grafen zusammen mit seiner Tochter, die beide im Jahr 1247 starben. Gemäß einer Überlieferung der Sayn'schen Chronik wurde die nachgeborene, aber kurz darauf verstorbene Tochter mit zum Vater in den Sarkophag gelegt. Das im Epitaph dargestellte Töchterchen hält in der Rechten eine Frucht, die lange als Apfel gedeutet wurde. Auf Grund der nach oben abschließenden Warze hat Schwammberger die Frucht jedoch zu Recht als Zitrone gedeutet.[25] Auch ein um 1500 entstandenes Relief der Auferweckung des Lazarus im Dommuseum Mainz zeigt in der Trauergemeinde um den auferweckten Lazarus eine weibliche Person, die eine Zitrusfrucht demonstrativ an ihre Nase hält. In beide Darstellungen dürfte die Zitrone als Symbol des ewigen Lebens Eingang gefunden haben, möglicherweise aber auch als frühes Abbild des Beerdigungsbrauchtums mit der Zitrone. Mit Beginn des 15. Jahrhunderts taucht die Zitrone auch im Zusammenhang mit der Muttergottes auf. Schwammberger verweist auf die Madonna in der Kapelle von Stegrain bei Bad Kohlgrub, die um 1420 entstand. Die gekrönte Muttergottes hält in ihrer Linken das ebenfalls gekrönte Jesuskind, in ihrer Rechten aber eine Zitrone. Hier ist die Zitrone als Symbol des ewigen Lebens ebenso nachvollziehbar wie in den Madonnendarstellungen der Renaissance.[26] So wurde die Zitrone im 15. und 16. Jahrhundert also zu einem gängigen Attribut der Muttergottes. Darüber hinaus ließ die enge Beziehung der Zitrone zu den jüdischen Ritualen, etwa zu dem bereits erwähnten Laubhüttenfest, diese zusammen mit Palme und Myrte zur Metapher des Heiligen Landes schlechthin werden. Weihnachtliche Darstellungen im Zusammenhang mit der Geburt Christi greifen daher des Öfteren auf diese Pflanzen als Attribute des Heiligen Landes zurück.

Mit dem zunehmenden Aufstieg der Zitruskultur in den höfischen Bereich, im Laufe des 15. und 16. Jahrhunderts auch nördlich der Alpen, scheint sich die religiöse Bedeutung der Zitrusfrüchte, insoweit sie auf jüdischen Ritualen beruhte, zunehmend in den Bereich des Volksbrauchtums verlagert zu haben. Im gesellschaftlichen Bereich der Höfe und im Umfeld der Humanisten jedoch werden die Zitruspflanzen, ähnlich wie später viele andere Orangeriepflanzen, die nicht zur Zitrus-Familie gehören, schnell zu botanischen Kuriositäten und zum Gegenstand der ausgeprägten Sammelleidenschaft. Sie wurden in ähnlicher Weise wie antike Antiquitäten geschätzt und daher in die Kuriositäten- und Wunderkammern verbracht, wie antike Büsten aus dem Mittelmeerbereich oder all die Fragmente tatsächlicher bzw. vermutli-

cher antiker Skulpturen. Sie wurden also gepflegt und verehrt wie die Werke antiker Schriftsteller.

So zeigte sich die mittelalterliche Bedeutung und Symbolik der Zitrusfrucht, wie sie etwa bei Hildegard von Bingen dargestellt wird oder in den Ritualen der jüdischen Mitbürger noch immer gelebt wurde, nun von den neuen Inhalten der humanistischen Geisteswelt zunehmend überlagert. Die alte Bedeutung wanderte in den Bereich des Volksbrauchtums, wo sie zum Teil weit bis in das 19. und 20. Jahrhundert hinein erhalten blieb. Besonders bei Zeremonien zu Bestattung und Hochzeit trat dieses Brauchtum in Erscheinung, vornehmlich dort, wo Leben und Tod aufeinander trafen, aber auch dort, wo es um die Erhaltung der Gesundheit oder die Abwendung von Todesgefahr ging. Die Zitrone als Symbol des Lebens, des ewigen Lebens und der Überwindung des Todes scheint so in ländlichen Gegenden mehr unbewusst als bewusst eine Rolle gespielt zu haben. So hat Adolf Schwammberger die Bedeutung der Zitrone im Beerdigungsbrauchtum eingehend untersucht.[27] Er differenziert zwischen der Zitrone als Grabbeigabe bzw. als Attribut der an Bestattungen beteiligten Würdenträger. In diesen Zusammenhängen tauchte die Zitrone teils als Symbol des ewigen Lebens, teils aber auch als geruchsspendende Gabe während der Rituale auf. Im Hochzeitsbrauchtum fand die Zitrone als Symbol des Herzens und damit wiederum als Sinnbild des Lebens und der Liebe ihren Platz. Letztlich bestanden für den Einsatz der Zitrone bei Hochzeiten, Kindstaufen und Trauerangelegenheiten die gleichen Beweggründe. Neben dieser aus dem jüdischen Brauchtum kommenden Bedeutung der Zitrone und neben den Bezügen zur Fruchtbarkeit spielte aber auch der von Hildegard von Bingen angesprochene Bedeutungsinhalt der Ehrbarkeit bzw. Keuschheit im Volksbrauchtum eine Rolle. Darauf gründen die Zitrone des Primizianten, die Taufzitrone und die Konfirmations- bzw. Kommunions-Zitrone.[28] Zum Brauchtum mit der Zitrone gehört aber auch ihre Verwendung als Hausmittel, Duftspender, Riech-

und Heilmittel. Diese auf Theophrast, Vergil, Plinius und Hildegard von Bingen zurückreichende Tradition bleibt letztlich bis in die Gegenwart ungebrochen, wenn man bedenkt, dass das Kölnisch Wasser zu wesentlichen Bestandteilen aus Duftelementen der Zitronat-Zitrone besteht. Sicher wurden im Volksbrauchtum die Möglichkeiten der Zitrone auch überschätzt, etwa wenn man in Annaberg im Erzgebirge den Toten eine Zitrone unter die Nase hielt, um zu erkunden, ob der Tod wirklich eingetreten sei.[29] Das Handwörterbuch des Deutschen Aberglaubens vermerkt, dass die Zitrone als Apotropäum häufig für die Vertreibung der Totengeister eingesetzt wurde, weil man ihr eine lebenserweckende Eigenschaft zuschrieb.[30] Beeindruckend bleibt dennoch die hohe Bedeutung der Zitrone als Symbol des Lebens, des Herzens und der Liebe im Brauchtum bis weit über das 19. Jahrhundert hinaus. Gerade dieser Bedeutungsstrang ist weitgehend deckungsgleich mit der Bedeutung im jüdischen Volksglauben. Offenbar handelt es sich hierbei um ein Brauchtum, das auf die für jüdische und christliche Gläubige gemeinsame Bedeutungswelt zurückreicht, deren Wurzeln heute aber weitgehend aus dem Bewusstsein verdrängt sind.

Mit dem Beginn der Neuzeit, insbesondere mit dem Aufkommen der Renaissancekultur, erhielten die Zitruspflanzen in den humanistisch geprägten Kreisen eine neue Bedeutung. Sie wurden auch zum Gegenstand der neuen, ganz speziell im humanistischen Umfeld verbreiteten Sam-

melleidenschaft. Wie Wimmer aufzeigt, war es das Ziel der Orangeriekultur seit der Renaissance, die Versammlung so genannter klassischer Pflanzen anzustreben, also von Pflanzen, hinter denen eine große Tradition stand und mit denen literarische Reminiszenzen oder Bedeutungszusammenhänge zur antiken Welt verbunden waren.[31] Er verweist auf Rembert Dodoens, der 1557 mehr südländische Gehölze auflistet, als damals in Mitteleuropa kultiviert wurden. Für ausgesprochene Liebhaber von Pflanzen waren dies: Jasmin, Myrte, Lorbeer, Vitex, Sumach, Süßholz, Paliurus, Pistazie, Feige, Geratonia, Zitrone, Limone und Pomeranze. Wie solch kuriose Pflanzensammlungen gehalten und insbesondere überwintert wurden, zeigt Jan van der Groen in seiner Publikation über den holländischen Gärtner von 1669 auf. So wurden die Pflanzen aufgereiht in einer großzügig durchfensterten Stube überwintert. Näher am Fenster standen die kleineren Bäumchen, während die größeren Pflanzen reihenweise dahinter gestaffelt wurden. Im Bereich der Rückwand standen schließlich die für die Temperierung erforderlichen Öfen.[32]

Die Orangerie als Paradies

Nach der antiken, griechisch-römischen Mythologie sind die Zitrusbäume ein Geschenk der Erdmutter Gaia zur Hochzeit des höchsten Götterpaares Hera und Zeus bzw. Juno und Jupiter. Als Hochzeitsgeschenk sollten sie ewige Jugend, Fruchtbarkeit und Unsterblichkeit gewähren. Aus diesem mythologischen Verständnis lassen sich für die inhaltliche Bedeutung der Zitrusgewächse zwei Schlüsse ableiten. Einmal, dass sie der Göttin Hera-Juno heilig sind, zum anderen, dass das Festmahl unter Orangen- bzw. Zitrusbäumen ein Privileg der Götter ist.[33] In bedeutungsmäßiger Hinsicht aufschlussreich ist auch die weitere Handlung des Hesperidenmythos. So lässt Hera ihren Baum in den Paradiesgarten der Götter bringen, der nach antiken Vorstellungen am westlichen Rand der damals bekannten Welt lag. Da diese Gärten von den

Hesperiden bewacht wurden, nannte man sie Hesperidengärten. Die Inseln aber, auf denen sich diese Gärten befanden, nannte man die „Glückseligen Inseln". Immer wieder suchte die antike Geschichtsschreibung die mythologische Umschreibung mit geographischen Realitäten in Einklang zu bringen. Man vermutete die Hesperidengärten daher im Westen Afrikas, im Bereich der untergegangenen Insel Atlantis oder aber im Bereich der Kanarischen Inseln. Insbesondere die Inselvorstellung schien sich im Bereich der Kanarischen Inseln am glaubhaftesten bewahrheiten zu lassen, zumal auf diesen Inseln die Zitrusgewächse von jeher wie einheimische Gewächse hervorragend gediehen. Beleg hierfür ist die Tatsache, dass Kolumbus, als er mit seiner zweiten Reise nach Amerika Zitrusgewächse nach Haiti brachte, auf Zuchtbestände der Kanarischen Inseln zurückgriff.[34] So wird nachvollziehbar, dass man bisweilen diese „Glückseligen Inseln" mit dem „Göttergarten" und dem antiken Paradies gleichzusetzen suchte.

Gleichberechtigt daneben steht die bedeutungsmäßige Gleichsetzung des Refugiums der olympischen Götter mit dem Orangenhain, je nachdem, welche Gottheit dabei in den Vordergrund gerückt werden sollte. Unter dem Primat der Aphrodite-Venus kann der Orangenhain auf die Insel Kythera anspielen, im Blick auf Apoll kann er zur Metapher für Arkadien werden, im Blick auf Hera-Juno kann er, wie schon erwähnt, die Insel der Glückseligkeit verkörpern. Nur die häufig vermutete Gleichsetzung des Orangenhains mit dem Topos des „Südens" ist nicht auf die antike Mythologie rückführbar. Diese Gleichsetzung ist erst das späte Kind eines für die Südsee sich begeisternden 19. Jahrhunderts.

Eine weitere zusätzliche Dimension erhielt das Hesperiden-Paradies mit den Anfängen der Renaissance als Metapher der antiken Welt. Kennzeichnend hierfür ist der 1499 erschienene Roman des Francesco Colonna mit seinem etwas umständlichen Titel „Hypnerotomachia Poliphili". Nach der Handlung des Romans findet der Traum seines Romanhelden Poliphil die Erfüllung in der Entdeckung der Antike als Paradies. Die antike Idee des Gartens als Paradies wird in der Renaissance also um zwei Bedeutungsebenen erweitert, einerseits um die Gleichsetzung der Antike mit einem kunstvoll gestalteten Garten und andererseits um die Interpretation der Antike selbst als Paradies. Hierbei spielt gerade die Verbindung von Kunst und Natur zu einer untrennbaren Einheit eine entscheidende Rolle. Dem damals herrschenden neuplatonischen Ideal entsprechend, sollten Naturwelt und Kunstwelt so vereinigt werden, dass eine „dritte Natur" entsteht. Ausdruck dieser dritten Natur soll der Garten sein, der in seiner Vollendung den Rang eines Paradieses genießt.[35] Die Entstehung der Orangeriegärten als gestaltete Natur fußt bezeichnenderweise in eben dieser Zeit, in der die Antike selbst gerne als Paradies dargestellt wurde. Kennzeichnend dafür ist auch Francesco Colonnas Gleichsetzung der begehrten Frau mit der Antike in seinem Liebesroman. So wird dort die Geliebte des Romanhelden Poliphil zur Führerin auf dessen langem Weg, der ihn hin zur Antike führt. Der Liebesroman Colonnas erweist sich darin als eine einzige Liebeserklärung an die Antike. Ein weiteres Beispiel für ein Paradies, das sich aus der Kombination von Antikensammlung und Garten definiert, ist der Hof des Belvedere im Vatikan.[36] Der Garten des vatikanischen Belvedere zeigt sich, obwohl als Paradies gedacht, losgelöst von religiösen Riten und frei von kirchlicher Bindung, ganz in der Dimension der freien Kunst. Im Sinne der freien Künste wird der Garten an die Antike gebunden. Hatte einst Papst Julius II. in der Villa des Belvedere seine umfangreiche Sammlung von antiken Statuen und Fragmenten zeitgenössischer Plastiken aufgestellt, so stellte Bramante durch den Cortile di Belvedere eine Verbindung zwischen dieser Villa Julius II. und dem Privatpalast des Papstes im Vatikan her. Er verknüpfte die Bauten also zu einem Reich der Kunst und gab diesem den anschaulichen Anspruch einer in sich geschlossenen individuellen Einheit. Der Cortile di Belvedere wurde so zum musterhaften

Beispiel dafür, dass mit dem Geist der Renaissance nicht mehr die Liturgie, sondern die Künste das Paradies determinieren.[37] Der folglich im vatikanischen Belvedere entstandene Garten ist ebenfalls ganz Teil dieser Kunstwelt geworden. Er vertritt die neue Dimension, die sich aus Natur und Architektur gleichermaßen speist, im Ergebnis also die dritte Dimension im neuplatonischen Sinne bildet. Es nimmt daher nicht Wunder, dass in diesem neuen Paradies die Kübelpflanzen wesentliche Ausstattungselemente darstellen, dass sich dort die Bäume des Hesperidengartens als ideale Ergänzung des neuen Paradieses erweisen, zumal sie antike Herkunft und menschliche Kunstfertigkeit (die des Hesperidengärtners), die Natürlichkeit der Pflanze und Künstlichkeit des Pflanzkübels in vollendeter Weise in sich vereinigen. Das Ergebnis ist bezeichnend. Der frühe neuzeitliche Garten, der uns mit dem vatikanischen Belvedere gegenübertritt, hat nichts mehr mit dem alten kirchlichen Paradies oder dem irdischen Paradies Dantes gemein. Es rauschen dort keine Bäume mehr, es zwitschern keine Vögel, es fließt keine Lethe und es wartet keine Beatrice. Jeder kirchliche Bezug ist mit Entschiedenheit aus diesem Garten ausgeschlossen. Stattdessen wird er nun von den Künsten beherrscht und setzt einen deutlichen Bezug zur Antike, letztlich zur imperialen Tradition Roms. Der Garten zeigt sich als Attribut des auf weltliche Macht orientierten Papstes, der sich in der wiederbelebten Größe Roms selbst darstellt. An die Stelle des biblischen Paradieses im Jenseits, an die Stelle des liturgischen Paradieses in Form des Vorgartens zur Basilika und an die Stelle des himmlischen Jerusalem ist nun das neue „Paradies der Künste" getreten, das sich in den Requisiten bewusst der antiken Welt bedient.

Die Orangerie als Ort der Ewigkeit und Unsterblichkeit

Wie erstmals bei den Ausführungen über die Symbolik erwähnt, gelten Zitrusfrüchte und Zitrusbäume als Symbole des Lebens, der Überwindung des Todes und des ewigen Lebens. Gerade das botanische Phänomen, dass Zitruspflanzen mit ihrer Blüte und ihrem Fruchtstand den Winter zu negieren scheinen, hat sie zu Metaphern des ewigen Frühlings und Sommers werden lassen. Eine besondere Bedeutung kam zudem der in der Botanik ansonsten eher seltenen Gleichzeitigkeit von Blüte und Frucht zu. Zumindest für das Mitteleuropa der beginnenden Neuzeit stellten die Zitrusbäume damit eine ausgesprochene Besonderheit dar. Wenn es schließlich in der gärtnerischen Praxis auch noch gelang, die Gleichzeitigkeit von Blüte und Frucht mittels einer perfektionierten Orangeriekultur und Überwinterungstechnik auf das ganze Jahr zu erstrecken, also auch im Winter aufrechtzuerhalten, so war es nur nahe liegend, mit dieser Beherrschbarkeit der Natur und den damit verbundenen Möglichkeiten, die Winterpause auszuschalten, das eindrucksvolle metaphorische Sinnbild des ewigen Lebens zu verbinden.

Menschliche Beherrschbarkeit der Natur einerseits und der Bedeutungsgehalt des ewigen Frühlings bzw. der ewigen Jugend andererseits bildeten schließlich die ideale Voraussetzung dafür, dass Orangenbaum und Zitrusfrucht auch zur Metapher der dynastischen Unsterblichkeit, zum Abbild des Stammbaums fürstlicher Geschlechter oder gar zum „sensus litterarus" für den Familiennamen, also dessen Umsetzung im buchstäblichen Sinne wurden. Letzteres gilt insbesondere für die Familiengeschlechter der Häuser Oranien und Medici. Für das Haus Oranien-Nassau wurde die Orange zum Sinnbild der Dynastie schlechthin. Hier ist neben der Funktion des Zitrusbaums als Stammbaum auch eine reiche emblematische Umsetzung des Motivs bei Familienbildnissen feststellbar.[38] Schon wesentlich früher wird bei den Medici der Zitrusbaum auf ähnliche Weise zum ausgesprochenen Stamm- und Familienbaum.[39] Abgeleitet aus dem lateinischen Namen des Zitrusbaums *citrus medica* entwickelte sich bei den Medici eine vollständige persönliche Identifikation mit den Gewächsen und Früchten des Zitrusbaums. Diese seit dem 14. Jahrhundert nachvollziehbare Entwicklung schlägt sich in zahlreichen für die Architekturgeschichte protagonistischen Villenbauten der Medici mittels einer ausgeprägten Orangeriekultur nieder. Beispiele sind die 1417 erworbene Villa Medici di Careggi bei Florenz mit ihrem Orangengarten vor der Südfassade und später die Villa Medici di Castello in Careggi (Sesto Fiorentino). Die 1438 bis 1461 von Michelozzo Michelozzi ausgebaute Villa di Careggi wurde zudem passend zu ihrem Orangengarten auch zum Sitz der von Cosimo il Vecchio 1459 für Massilio Ficino gegründeten neuplatonischen Akademie. Die 1477 erworbene Villa Medici di Castello wird nach 1537 unter Herzog Cosimo I. von Tribolo ausgebaut und mit einem Orangeriegarten versehen, dessen Mittelpunkt Ammanatis Herkules-Brunnen bildet. Garten und Brunnen sind eine deutliche Anspielung auf die persönliche Identifizierung Cosimos I. mit Herkules. Für die Medici ist überliefert, dass sie das Wohlergehen, aber auch Krankheiten und das Absterben ihrer Orangenbäume als lebendiges Sinnbild ihres Familienlebens und ihres Familienstammbaums betrachteten. Eng damit verbunden war der Wunsch, dass der Dynastie ähnliche Facetten der Unsterblichkeit vergönnt seien, wie der von ihr gepflegten Orangeriekultur. Ausgehend von den Medici identifizierte sich später eine Reihe weiterer europäischer Geschlechter und Einzelpersönlichkeiten mit den Pflanzen und Früchten der Orangenkultur, weil diese gemeinhin als anerkanntes Symbol dynastischer Unsterblichkeit galten.[40] Herr eines Orangengartens zu sein, galt als Unterpfand für ein immer währendes Bestehen der Dynastie. So wurde der Orangengarten bald zum Gegenstand entsprechender allegorischer Inszenierungen.

Die Orangerie als Metapher des Goldenen Zeitalters und der Landeskultivierung

Im Wege der Gleichsetzung der Zitrusfrüchte mit den Hesperidenäpfeln im antiken Herkulesmythos entwickelt sich die Orangerie zum Sinnbild des Goldenen Zeitalters. Denn nach der klassischen griechischen Version des Herkulesmythos gilt die Inbesitznahme der Goldenen Äpfel durch Herkules als Anbruch des Goldenen Zeitalters. Der Anbruch dieser von den Tugenden geprägten Epoche beinhaltet bereits nach der Handlung des Mythos die Überwindung des Lasters, den Weg zu neuer Erkenntnis und die Erfahrung des Göttlichen. In Bezug auf die Bedeutungsebene des Goldenen Zeitalters enthält der antike Mythos also zwei bemerkenswerte Ereignisse: einerseits die listenreiche Überwindung der hundertköpfigen Schlange und damit den Triumph der Klugheit über die Gewalt bzw. in der Version mit der Mithilfe von Atlas den Triumph des Geistes über die Körperkraft; andererseits den Erkenntnisprozess des Erystheus, der durch die Heldentat des Herkules schließlich zur Erkenntnis gelangt, sodass er Göttliches und Menschliches angemessen unterscheiden kann. So stellt der Hesperidenmythos Herkules als einen tugendhaften Helden dar, der sich auch in der Eroberung der Goldenen Äpfel als Träger außerordentlicher Tugenden erweist. Darin enthalten ist eine Parallele zur bekannten Prüfung des Herkules am Scheidewege, der zwischen Tugend und Luxus entscheiden musste. Eine weitere Bedeutungebene des Mythos der goldenen Hesperidenäpfel versinnbildlicht die konkreten Auswirkungen des Beginns des Goldenen Zeitalters auf die menschliche Sphäre. Denn durch das heldenhafte Tun des Herkules und seine praktizierte Mittlerrolle zwischen den Göttern und den Menschen finden die Menschen in Gestalt des Erystheus zur Erkenntnis von Gut und Böse, zur Unterscheidung zwischen Menschlichem und Göttlichem. Diese Erkenntnis ermöglicht ihnen die Wahrung der göttlichen Ordnung und den respektvollen Umgang mit den Heiligtümern. Der Mythos von den Goldenen Äpfeln wird so zur humanistischen Parabel menschlicher Erkenntnis, zum Sinnbild des Sieges der Vernunft über die Unwissenheit, zur Metapher der Überwindung des Bösen durch das Gute.
Eine wichtige Rolle für die Wiederentdeckung und Wertschätzung der Sinnbe-

Representation du Maniment de ces Toits, tans pour les tirer et poser en Automne, que pour les retirer au printemps.

Prospect des obigen Pomeranzen Hauses, wie es im Herbst zugedecket und im Frühling wiederum abgedecket wird.

züge zwischen Herkules und dem Goldenen Zeitalter spielt die Entdeckung des Herkules Farnese im Jahr 1546. Die Auffindung dieses antiken Standbildes war nicht nur eine archäologische Sensation, sondern auch ein zusätzlicher Anlass zur näheren Auseinandersetzung mit dem Hesperidenmythos. Immerhin hält der Herkules Farnese in seiner Rechten die geraubten Goldenen Äpfel der Hesperiden hinter seinem Rücken. Diese Figur dürfte die berühmteste in einem Standbild vereinigte Darstellung von Hesperidenmythos und Herkules in persona sein. Die 1546 bei Abrucharbeiten in den Caracalla-Thermen wieder entdeckte und anschließend im Hof des Palazzo Farnese aufgestellte Figur ist eine im 2. Jahrhundert n. Chr. entstandene Kopie nach einer Statue des Bildhauers Lysipp um 320 v. Chr. Das Original wurde bezeichnenderweise für Alexander den Großen geschaffen. Das berühmte, wieder aufgefundene Stand-

bild wurde nicht nur zum Auslöser geradezu leidenschaftlicher Kopierfreude, mit der Folge einer fast grenzenlosen Verbreitung dieses Standbildes. Vielmehr gehörte es zum guten Ton für fast jede Sammlung und nahezu jeden Garten der Neuzeit, über ein Abbild des Herkules Farnese zu verfügen, so wie das Motiv ernstlicher Anlass der Zeitgenossen zur Auseinandersetzung mit dem Hesperidenmythos und seinen Bezügen zu antiker Mythologie und Gartenkultur wurde. Nicht zufällig wurde der Herkules Farnese mittels zahlreicher Grafiken vervielfältigt und bildete im 17./18. Jahrhundert eines der beliebtesten Motive in der Gartenplastik.[41] Konnte man doch gerade in der Gartenplastik die Metaphorik des Herkules als Sinnbild der Cultura und Überwindung des ungeordneten Chaos der Natur im Rahmen der Gartenkultur besonders inszenieren. Dieser spezifische Sinnbezug, der Herkules im Wege der

Gleichsetzung des Goldenen Zeitalters mit der Landeskultivierung zu einem Sinnbild der Cultura werden lässt, reicht bis in die Anfänge des Humanismus zurück und sollte besonders in der Villenkultur eine bildliche Umsetzung finden.[42]

Die Orangerie als Liebesgarten und Metapher der Insel Kythera

Eine zentrale Rolle in der Orangeriekultur spielt zweifelsohne die griechisch-römische Göttin Aphrodite-Venus. Die Bezüge zwischen Venus und den Zitrusfrüchten erweisen sich insbesondere auf der Bedeutungsebene der Orangerie als Liebesgarten. Parallel hierzu verläuft die Interpretation der Orangerie als Insel Kythera, als Stätte der Geburt der Göttin Venus. Des Öfteren wird die Insel Kythera mit üppiger Bepflanzung durch Zitrushaine dargestellt. So zeigt etwa Sandro Botticelli im Hintergrund seiner berühmten „Geburt der Venus" die üppige Zitrusbaumbepflanzung der Insel Kythera. Insbesondere hinter der Hore des Frühlings mit ihrem rosafarbenen Gewand wird ein stattlicher Orangenhain ersichtlich. Ebenso bedient sich Francesco Colonna in seiner „Hypnerotomachia Poliphili" zur literarischen Umschreibung und Charakterisierung der Insel Kythera des Bildes einer von Zitrusbäumen eingehegten Sphäre.

Abgesehen vom Zitrushain sind aber auch die Früchte der Zitrusbäume, die goldenen Früchte bzw. die Goldenen Äpfel, ein Attribut der Göttin Venus. Unabhängig vom Kythera-Bezug bilden sie für sich ein Requisit aus der Sphäre der Venus. So zeigt Sandro Botticellis Gemälde „Primavera" einen Garten der Venus, in dem sich auf einer Blumenwiese ein Figurenreigen abspielt.[43] An den Bäumen des Gartens wachsen die Goldenen Äpfel. Die Apfel- und Granatapfelbäume sind Venus in besonderer Weise heilig, obwohl Venus darüber hinaus die Herrin der Gärten schlechthin ist. Dieser besondere Bedeutungszusammenhang zwischen der kultivierten Pflanzenwelt und Venus lässt sich auf der weiteren Ebene der Liebespflanzen zusätzlich vertiefen. So sind neben dem Apfel, dem Granatapfel und dem Mohn auch Rose und Lilie, Myrte und Zypresse signifikante Attribute der Venus. Zugleich sind diese Attribute der Venus auch Teil der Gruppe der so genannten Liebespflanzen. Interessanterweise spielen die meisten dieser Pflanzen dann auch in den Orangerien eine herausragende Rolle. Zu diesen Liebespflanzen gehört, wie der Name schon sagt, der Agapanthus. Ferner zählt hierzu nach alter Tradition die Nelke und, auf Grund seiner aphrodisischen Wirkung, auch der aus der Neuen Welt stammende Kaffeebaum. Gerade Agapanthus und Nelke sollten unverzichtbare Bestandteile der neuzeitlichen Orangeriegärten werden. Es erscheint daher evident, dass Orangeriegärten immer auch als Liebesgärten verstanden wurden. In ihnen traten die Zitruskulturen als Symbole des Liebesreigens gleichberechtigt neben Rose und Lilie, den am weitesten verbreiteten Symbolen der Liebe.

Die Orangerie als Metapher der Antike

Vor dem geistesgeschichtlichen Hintergrund des Renaissance-Zeitalters erscheint es wenig verwunderlich, dass der frühe Renaissance-Garten den Anspruch erhebt, ein antiker Garten oder zumindest dessen gleichwertiges Abbild zu sein. So gibt Leon Battista Alberti in seinem circa 1432 erschienenen Hauptwerk „Über die Baukunst"[44] nicht nur den philosophischen Rahmen einer neuen Gartenkunst vor, indem er sie als Teil der Natur sowie als Ganzes und Abbild ihrer Gesetzmäßigkeiten versteht.[45] Darüber hinaus erhebt er die Antike zum verbindlichen Leitbild, indem er die wesentlichen Gestaltungselemente des neuen Gartens auf die Antike zurückführt.[46] Für Alberti ist nicht nur der literarische und mythologische Hintergrund der Antike maßgeblich, vielmehr postuliert er bis ins Detail eine Ausstattung und Auszierung des Gartens nach dem Vorbild der Alten.[47] Alberti definiert also die wesentlichen Elemente eines Gartens, der antiken Ansprüchen zu genügen vermag. Als gewünschten Pflanzenbestand nennt er insbesondere Buchs,

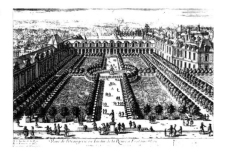

Orangerie im Jardin de la Reine in Fontainebleau, um 1700

Darstellung des Damenringrennens in der Orangerie des Großen Gartens zu Dresden am 23. September 1719

Efeu, Myrte, Lorbeer, Zitronenbaum, Wacholder und Zypresse. Abgesehen vom Wacholder, benennt er damit die klassischen Grundpflanzensorten der neuzeitlichen Orangerie. Über diese im täglichen Gebrauch eher „seltenen Pflanzen" hinaus fordert er für den Garten nach antikem Vorbild auch Kräuter- und Aromapflanzen, insbesondere in ihrer Funktion als Arzneipflanzen.[48]

Auch Francesco Colonnas Vorstellung vom antiken Garten, geschildert in der 1499 erschienenen „Hypnerotomachia Poliphili", bedient sich im Kern der gleichen pflanzlichen Ausstattung. Zwar erscheint dort der Lorbeerbaum in der Bedeutung reduziert, doch treten dafür nun Rose, Feige, Banane und Artischocke zusätzlich auf. Gerade weil Colonnas Ehrgeiz auf eine möglichst umfangreiche Auflistung von Pflanzen der Antike abzielt,[49] sind hier die von ihm gesetzten Schwerpunkte von besonderem Interesse. Da aber bei Colonna die Orangeriepflanzen Citrus, Zypresse, Buchsbaum und Myrte die unbestritten herausragende Rolle spielen, lässt sich der Sinnbildcharakter der Orangerie in seiner Antike-Dimension gut nachvollziehen. Vertiefend kommt hinzu, dass ein Großteil der Pflanzen nach dem antiken Gartenideal deut-

lich mythologische Bezüge zum antiken Götterhimmel herstellt. So steht der Citrus als Baum für Juno-Hera, mit seinen Früchten aber für Aphrodite-Venus. Der Laurus und der Olivenbaum sind Heiligtümer des Apoll und der Pallas Athene. Die Zypresse und die Myrte sind der Venus heilig.[50] Die Palme (Phoenix) und der Wacholder (Juniperus) stehen für Apoll.[51] Rose, Lilie und Granatapfel wiederum sind Sinnbilder der Venus.[52] Bis weit in das 18. Jahrhundert hinein sollte bei den Orangerien eine Schwerpunktsetzung auf eben diese Pflanzen verbindlich bleiben, wie etwa im Inventar der Weikersheimer Orangerie von 1757. So umfasste damals der weitaus größte Bestand der Weikersheimer Orangerie die Art *citrus* (Orangen- und Pomeranzenbäume), gefolgt von den Feigenbäumen, Lorbeerbäumen, Zypressen und Granatäpfelbäumen.[53] Im Mittelpunkt einer von der Antike bestimmten Pflanzen- und Gartenkultur stand also immer zuvorderst der Zitrusbaum mit all seinen Varianten. Kaum noch verwunderlich ist daher die bisweilen ausdrückliche Verwendung des Zitrusbaums (Orangen- und Pomeranzenbaum) als Metapher der Antike schlechthin, insbesondere der kaiserlich-römischen Antike.

Die Orangerie als Kunstwerk aus Natur und Architektur

Der Ausgangspunkt aller Orangeriekultur ist die Zitruspflanze selbst. Doch schon die unterschiedliche Kultivierung in verschiedenen Pflanzformen, einerseits die Auspflanzung in den gewachsenen Boden („im Grunde stehende Orangerie"), andererseits die Pflanzung in beweglichen Kübeln und Kästen, führte zu völlig unterschiedlichen architektonischen und gartenarchitektonischen Konsequenzen. Dominierte bei den frei ausgepflanzten Bäumen das gärtnerische Prinzip selbst dann noch uneingeschränkt, als um sie herum mit Winterungsverschlägen architektonische Schutzvorrichtungen (Verschläge, Ummauerungen, Orangenhäuser) errichtet wurden, so ermöglichte die Mobilität der in Kübel und Kästen gepflanzten Gewächse einen fast unbegrenzten Einsatz als räumliches Ausstattungsrequisit im breiten Spektrum gestalterischer Möglichkeiten, vom Gartenparterre bis zum fürstlichen Appartement, vom einfachen, der Winterung nahe gelegenen Sommerstellplatz bis zum raumillusionistischen Gesamtkunstwerk.

Bis zum heutigen Tag hat die Diskussion um die Winterungen, also um die für die kalte Jahreszeit erforderlichen Schutzvorrichtungen der Orangerien es weitgehend versäumt, Gestalt und Funktion der Vorrichtungen getrennt zu analysieren. Schon von der Begrifflichkeit her wurde bei der Verwendung der Begriffe „Orangerie" und „Orangenhaus" zwischen Gestalt und Funktion nicht unterschieden. Bis heute gibt es für die auf- und abschlagbaren Winterungen keinen eigenen verbindlichen Begriff, der sie von den festen Winterungen scharf abgrenzt.[54] Noch immer wird der Begriff des Orangenhauses, des Orangeriegebäudes oder des Orangeriehauses nicht einheitlich als die Bergungsstätte der mobilen Pflanzbestände einer Orangerie definiert. So wird der Begriff „Orangerie" vielfach auf das Gebäude beschränkt, obwohl er in seinem umfassenden Sinn doch den ganzen Kosmos der Orangeriekultur einschließt.[55] Orangerie kann Parterre und Lusthaus, die im Grunde stehenden Pflanzen und den mobilen Bestand an Orangenbäumen gleichermaßen bedeuten. Der Begriff Orangerie gibt aber trotz dieser Schwächen im Kern den einmaligen kulturgeschichtlichen Tatbestand eines Kosmos wieder, der die untrennbare Verknüpfung von Kunst und Natur, von Garten und Architektur, von Sachgesamtheit und allegorischem Kultus, von Geisteswelt und gärtnerischer Kunstfertigkeit beinhaltet. Gerade darin liegt seine Stärke.

Die Gesamtheit „Orangerie" musste seit dem 19. Jahrhundert gerade wegen des allzu umfassenden Begriffs aber auch zunehmend Gefahr laufen, auf einen rein gebäudebezogenen Begriff reduziert zu werden. Um den Orangerie-Begriff wieder inhaltlich mit dem ursprünglichen Sinn aufzufüllen, ist es daher unerlässlich, die historische Entwicklung der Orangerie-

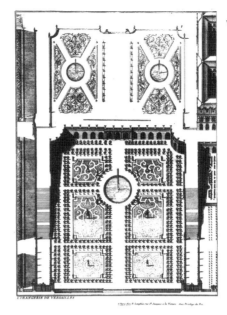

Die Orangerie von Versailles um 1700, Prospekt nach Perelle

kultur hinsichtlich ihrer Pflanzkultur, ihres Einsatzes als Requisit der Künste und ihrer architektonischen Konsequenzen getrennt zu untersuchen. So hat die mangelnde Differenzierung zwischen Form und Funktion von Orangeriebauten wohl sicher ihre Ursache in den frühen Formen der Orangerie, als bei den im Grunde stehenden, ins Freie ausgepflanzten Orangeriepflanzen der Sommerstandort und der Winterstandort noch identisch waren. Damals determinierte die Funktion der Anlage im Wesentlichen ihre Form. Erst mit der Entwicklung der mobilen Orangerie und der Trennung von Sommer- und Winterstandort sowie der Trennung von Pflanzung und Gebäude konnten sich die Kunstformen im Bereich der Orangerie emanzipieren und von den begrenzten Möglichkeiten der im Grunde stehenden Orangerie lösen.

Zweifellos waren in Mitteleuropa ebenso wie in Italien die abschlagbaren Pomeranzenhäuser die frühesten technischen Vorrichtungen zur Überwinterung der Orangerien. Noch heute können derartige Limonengärten mit ihren Schutzvorrichtungen am Gardasee nachvollzogen werden. Für Deutschland wird die erste nachweisbare derartige Orangerie 1559 im Lustgarten von Stuttgart errichtet.[56] 1620 wird die Technik der abschlagbaren Winterung im Wege der Publikation des Salomon de Caus über den Heidelberger „Hortus Palatinus" allgemein bekannt. Noch bis in das frühe 18. Jahrhundert finden derartige Anlagen – etwa mit dem Pomeranzenhaus des Prinzen Eugen im Belvedere zu Wien – weite Verbreitung. In der Gartentheorie beschreibt erstmals Oliver de Serres in seinem Werk „Le Théâtre d'Agriculture et Mesnage des Champs", Paris 1600, einen derartigen Winterungsverschlag für ein Orangenquartier. Er verwendet dabei aber weder den Begriff des Orangenhauses noch den der Orangerie.[57] Gegenüber dieser immobilen Form mit ihren im „Grunde stehenden", also in den Erdboden ausgepflanzten Pomeranzenbäumen entsteht mit der mobilen Orangerie ein völlig neuer gestalterischer Ansatz, der auch zum Auslöser einer eigenen architektonischen Entwicklung wird.[58] So bildet sich die Orangerie als Teil künstlerisch gestalteter Gartenanlagen heraus, vom Parterre bis zur Insel, vom Theater bis zum Kabinett, teils unter Integration verschiedener geometrischer Grundformen, vom Rechteck bis zum Kreis. Voraussetzung hierfür war die hinreichende Mobilität der Zitrusbäumchen. Wiederum ist es Olivier de Serres, der erstmals auf die neu gewonnene Mobilität der Zitrusgewächse eingeht und sie in Bezug zu den Künsten setzt: „Groß oder klein, diese Bäume schicken sich zu allem, was man mit ihnen machen will. Ja, man sieht sie in irdenen Töpfen und kleinen Holzvasen gedeihen und Früchte tragen, die ein Mensch wegen ihrer Leichtigkeit tragen kann, wohin er will, in die Häuser, an den Eingang, in die Säle und an die Fenster."[59] De Serres schildert damit sehr eindrücklich Anlass und Zweck der Mobilisierung. Offenbar ging es bei der Überwinterung der mobilen Pflanzen zunächst gar nicht um die Entwicklung eigener Häuser, sondern um eine möglichst pragmatische Lösung des Überwinterungsproblems. Man löste es zunächst durch eine Überwinterung der Pflanzen in den Wohn- und Repräsentationsräumen, etwa indem man ihnen einen guten Platz vor den Fenstern einräumte. Die Konsequenzen der Flexibilisierung galten allerdings auch dem Gartenraum, wo die Bäumchen nun zur Ausstattung eines Freiraumarrangements ertüchtigt werden konnten. Ergebnis der Entwicklung war in letzter Konsequenz die Aufwertung der Orangerie bis zum vornehmsten Teil des Gartens. Wie Michael Seiler nachgewiesen hat, bildet sich spätestens seit der Orangerie von Versailles der mobile Orangenbaum im Kübel und mit hohem Stamm als das Ideal des höfischen Europa schlechthin heraus.[60] Jean de La Quintinie, der Generaldirektor der Obst- und Küchengärten im Dienste des französischen Sonnenkönigs, setzte dabei in seinem 1690 erschienenen Traktat die Maßstäbe. Auf Grund der Mobilität der Bäume und der Verselbstständigung der architektonischen wie gartenarchitektonischen Grundform der Orangerieanlage konnten sich die einst dienenden Winterungsgebäude von ihrer ursprünglich ausschließlich funktionalen Bedeutung befreien und – soweit sie dann überhaupt noch im Garten ihren Platz fanden – zusätzliche künstlerische Inhalte übernehmen, etwa als Prospektarchitektur, als Lustgebäude oder Galerie, aber auch als anspruchsvolle Terrassenarchitektur wie in Versailles. Die funktionalen Notwendigkeiten determinierten nun nicht mehr automatisch die Architekturform der Orangerie. Die Orangerie konnte sich zur Kunstform wandeln.[61]

Eine bemerkenswerte Vollendung der Orangerie zur Kunstform findet schließlich mit der Anlage von Chiswick House (Middlesex/Greater London) statt. Die 1725 entstandene und durch die Gemälde in ihrer Vollständigkeit überlieferte Orangerie zeigt den Bestand an Orangerie-Kübelpflanzen in amphitheatralischer Anordnung um einen Teich, aus dessen Mitte sich ein Obelisk erhebt. Mit der Blickachse ist die Anlage auf einen pantheonartigen Tempel ausgerichtet und eingefügt in den Gesamtzusammenhang der Parkanlage. Hier sind die Grenzen zwischen Architektur und Natur, zwischen Raum und Landschaft, zwischen Orangerie und heiligem antiken Hain nahezu vollständig aufgelöst. Entstanden ist eine Sphäre des antiken Geistes, in der

Natur und Architektur zum betretbaren Bild, zu einem Gesamtkunstwerk mehrfacher Bedeutungsinhalte verschmelzen.

Orangerie und Wasser

Zu den unverzichtbaren Ausstattungselementen von Orangerien gehörte das Element Wasser. Es tritt zumeist in Form von Brunnenanlagen, Fontänen, Wasserspielen oder Bassinanlagen im Orangeriebereich auf. Zunächst war das vorgewärmte Wasser nur die unerlässliche Voraussetzung für die pflanzliche Versorgung der kälteempfindlichen Gewächse. So gehörte zu jeder Orangeriepflanzung bis hin zur gewerblich betriebenen Limoneia ein Wasserbecken.[62] Selbst einfachste Orangeriestellplätze verfügten über ein nahe gelegenes kleines Bassin, das bisweilen auch mit einer Fontäne ausgestattet war. Ebenso waren im Innern der Winterungen Bassins für die winterliche Wasserversor-

gung der Pflanzen unerlässlich. Dennoch ist dies alles kein ausreichender Grund für die bisweilen üppige Ausstattung der

Der Isolotto im Boboli-Garten von Florenz (ab 1618), nach Boeckler, 1704

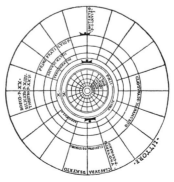

Die „Isola di Citera", Abbildung aus der Hypnerotomachia Poliphili des Francesco Colonna, 1499

29

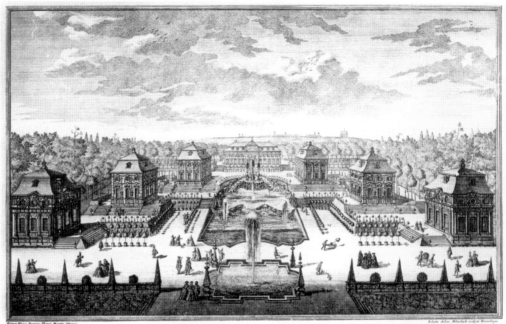

Vûe de l'Amphitheatre de l'Orangerie, de la Serre et des Six Pavillons.

Prospect der Orangerie, sich auf einem Amphitheatre nebst 6. Pavillons præsentirend.

Orangerieanlagen mit Wasserkünsten, Wasserspielen und Bassinanlagen oder gar ihre Integration in Inselanlagen oder Kaskaden.[63] Hintergrund für diesen außergewöhnlichen Aufwand ist zweifelsohne ein besonderer Bedeutungszusammenhang. So wird mit dem Element des Wassers wiederum auf den Mythos der Hesperidengärten Bezug genommen. Überdeutlich wird dies beim Isolotto des Boboli-Gartens in Florenz, wo die Insel mit dem Okeanos-Brunnen zum Abbild der Insel der Glückseligkeit, zur Metapher des Hesperidengartens schlechthin wird. Über den Hesperidenmythos hinaus wird mit den vielfältigen Brunnenanlagen aber auch an die Lebenssymbolik und Paradiesdimension der Orangeriekultur angebunden. So stellen viele Brunnen einen Lebensbrunnen dar oder bilden ein Symbol der Paradiesflüsse.

Orangerie und Theater

Das Theatermotiv findet auf doppeltem Wege in den Orangeriebereich Eingang,

sowohl als architektonisches Motiv wie auch in funktionaler Hinsicht. In der Architektur taucht es sowohl in Form des halbrunden Teatro wie in amphitheatralischer Gestalt als zentralisierter Raum auf. Die Herkunft des Teatro als Zitat der Antike und seine diesbezügliche Verknüpfung mit Orangeriefunktionen und -baulichkeiten ist seit längerem nachgewiesen.[64] Entsprechendes gilt auch für das amphitheatralische Motiv, auch wenn hier weniger das Bildzitat als die funktionale Eignung im Vordergrund gestanden haben dürfte. Entscheidend war wohl, dass das amphitheatralische Motiv sowohl den Anspruch der Exklusivität und inneren Geschlossenheit als auch das Erlebnis zentralisierter Räumlichkeit ermöglichte. Dies wird besonders deutlich am Beispiel der von 1705 bis 1706 entstandenen Orangerie in Erlangen, wo vor dem Schloss ein Rondell um den Brunnen – die so genannte Große Fontäne – zentriert erscheint. Die Bauten der Orangerie bilden in Erlangen die rahmende Einfassung eines großen Amphitheatrums, dessen Haupttribüne das Schloss selbst bil-

Perspectivischer Auffriß der Orangerie wie solche in einem Königlichen Lust=Garten kœnnte angelegt und gebauet werden

det. Ein regelrechtes Orangerie-Theater stellte die abgegangene Orangerie der Herren Bose vor dem Grimmaischen Tor (so genannter Groß-Bosischer Garten) in Leipzig dar. Das amphitheatralische Element ist natürlich auch beim bekannten Dresdener Zwinger nachvollziehbar. Durch die Verdopplung des Teatro, das einst vom Bauherrn, August dem Starken, persönlich entworfen wurde, entstand nicht nur eine Spiegelung der Grundform, son-

dern darüber hinaus die bekannte amphitheatralische Gesamtwirkung des Dresdener Zwingers.[65]

Das bei vielen Orangerien nachweisbare amphitheatralische Gestaltungselement stützt zweifelsohne den Exklusivitätscharakter des Hesperidengartens ebenso wie seinen Anspruch als geheiligtes Refugium der Götter und als verehrenswerte Stätte der „Virtus". Möglicherweise bildet aber auch die zu antiker Zeit übliche Wid-

Entwurf einer Orangerie nach Paul Decker, Fürstlicher Baumeister, 1716

Ansicht der Groß-Bosischen Orangerie zu Leipzig (vor 1700)

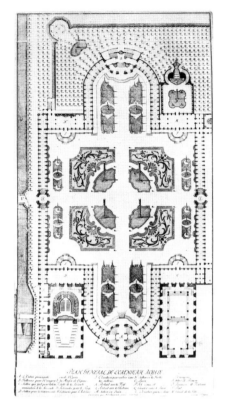

Die Orangerie als Kultort

Spätestens mit dem Einzug der Orangerie in die höfische Welt entstand eine geradezu kultische Verehrung der Orangeriebestände ebenso wie die Nutzung der Orangeriebereiche für besondere Ereignisse und Festivitäten der höfischen Gesellschaft. Die außerordentliche Wertschätzung, die unter Ludwig XIV. von Frankreich die Orangerie erneut erlangen sollte, reicht auf eine lange Tradition zurück, schon nachweisbar bei seinen königlichen Vorgängern Karl VIII. und Franz I. ebenso wie bei den verschwägerten Medici-Herzögen Cosimo I. und Cosimo II. Gerade der Isolotto im Boboli-Garten Cosimos II. erweist mit seiner Entstehung parallel zum großen Theater hinter dem Palazzo Pitti seine Gleichrangigkeit als höfischer Kultort. Zwar dient der Isolotto nicht primär dem Theater oder dem höfischen Fest, doch bildet er innerhalb der Anlage des Boboli-Gartens die kontemplative Ergänzung des Theaters. Der Isolotto ist dort Selbstinszenierung der höfischen Welt, allerdings in der Variante des heiligen Hains und der göttlichen Sphäre, verbunden mit der Attitüde einer inszenierten Unerreichbarkeit der goldenen Hesperidenäpfel, die hier wie im Traum sichtbar, aber durch das Wasser abgeschieden, sich auf einer dem Okeanos gewidmeten Insel befinden. So zeigt sich der Bereich um den Isolotto des Boboli-Gartens als Ort des inszenierten Hesperidenmythos, der Realisation der antiken Welt und der Verehrung des antiken Geistes.

Dass derartige Verehrungsorte auch mit weiteren Accessoires der Antike ausgestattet sein können, erweist eine Reihe anderer Orangerien der Renaissance und des Barock. Insbesondere Triumphbogen, Tempel und Obelisk sind solche Requisiten der antiken Welt, mit denen der göttliche Hain der Orangerie häufig seine Ergänzung findet und seine kultische Eignung verdichtet. So wird das Triumphbogenmotiv gerne mit Orangerien verbunden, weil im Triumphbogen ein Aspekt der Apotheose und Attribut der Tugendhaftigkeit dargestellt wird, das wei-

mung theatralischer Einrichtungen an eine Gottheit eine noch näher zu erforschende Brücke zu dem gegebenen Bedeutungszusammenhang zwischen Theater und Orangerie. So sind für eine Reihe von Orangerien nicht nur architektonische Bezüge zum Theater nachgewiesen, sondern auch inhaltliche und funktionale. Am bekanntesten ist sicherlich die Nutzung des als Orangerie erbauten Dresdener Zwingers für die theatralische Inszenierung eines Reiterballetts 1719 anlässlich der Hochzeit des Kronprinzen. Gerade im 18. Jahrhundert scheinen Theateraufführungen in der Orangerie – und zwar sowohl am Sommer- wie am Winterstandort der Orangerien – allgemein üblich gewesen zu sein.[66] Nach wie vor fehlt jedoch der evidente Nachweis der tragenden Bedeutungsbrücke in dieser engen Bindung zwischen Theater und Orangerie.

tere Bezüge zu Herkules und dem Hesperidenmythos bietet. Mit Triumphbögen entstehen dann besonders anspruchsvolle Anlagen. Musterbeispiele für diese Idee lieferte Paul Decker d. Ä. in seinem ab 1711 in Augsburg erschienenen Werk „Fürstlicher Baumeister". Besonders aufschlussreich ist seine „Orangerie für einen königlichen Lustgarten".[67] Der Entwurf zeigt sich deutlich vom einstigen Pomeranzenhaus Johann Arnold Nerings in Berlin beeinflusst und zugleich aufgewertet durch motivische Anleihen aus den Prospektarchitekturen Bernhard Fischer von Erlachs. Anlass für den Entwurf Deckers war die Bautätigkeit der preußischen Prinzessin Elisabeth, der zweiten Gattin des Markgrafen Christian Ernst von Brandenburg-Bayreuth. Für sie entstand in Erlangen eine Sommerresidenz als Wittumsgut. Ihre baulichen Aktivitäten wurden von Paul Decker als Zeitzeugen begleitet und waren für ihn Anregung zu seinem architekturtheoretischen Werk, das mit seinen Darstellungen allerdings weit über die damalige Realität hinausging. So ist in der baulichen Ausführung durch Gott-

fried von Gedeler die Idee Paul Deckers wesentlich bescheidener ausgefallen. Das Ergebnis kann an den heutigen Resten der einstigen Orangerie von Erlangen annähernd nachvollzogen werden.

Ein häufiges gestalterisches Element im Bereich der Orangerien ist auch das Tempelmotiv. Das Phänomen bindet an den Hesperidenmythos und die allegorische Bedeutung der Orangerie als göttliches Refugium an. Da die Hesperidengärten der Göttin Hera zu Eigen sind, bietet sich der Tempel im Orangengarten als Wohnsitz der Göttin Hera und der ihr verwandten olympischen Götterfamilie an. Herkules, in seinem Zwitterwesen als Unsterblicher, bildet den Mittler zwischen den Sphären des Göttlichen und Menschlichen und wird mythologisch zum Überbringer der Hesperidenäpfel. Ferrari bildet daher auf dem Frontispiz seines Buches „Hesperides" einen Rundtempel als Bestandteil des Hesperidengartens ab. Ein anschauliches Beispiel für eine tempelartige Dimension bietet etwa das Orangeriegebäude von Ansbach mit seiner von Kolonaden gestalteten Stadtfront. Die enthaltenen An-

Geschichtswelt. Die historische Orangerieanlage von Chiswick-House (Middlesex/Greater London) von 1725 nimmt daher das Motiv des Obelisken an zentraler Stelle in die Orangerieanlage auf. Ist die Orangerie von Chiswick-House, was die Kombinationsfreudigkeit mit antiken Würdemotiven und Bildzitaten anbetrifft, einerseits Vorläufer der Bayreuther Eremitage, so geht sie doch gerade in der konsequenten Zueinanderordnung von Tempel, Theater, Wasser und Obelisk und der überzeugenden Inszenierung als Sphäre eines antiken Tempelbezirks weit über die Bayreuther Eremitage hinaus.

Die Orangerie als Ideal

Mit den bisherigen Hinweisen scheint ausreichend dargestellt, dass die Orangerie eben nicht nur Architektur ist, sondern ein mit dem gesamten Spektrum der Allegorese arbeitendes Ideal. Letztlich geht es bei ihr um die Inszenierung einer besonders ausgezeichneten Sphäre, die einem durch humanistische Bildung und Lebensweise ausgezeichneten Personenkreis den angemessenen exklusiven Rahmen bieten sollte. Abgesehen von allen literarischen, symbolischen und mythologischen Bezügen der Orangerie stehen zwei Aspekte im Vordergrund, einerseits die jeder Orangerie immanente Apotheose in antiker Tradition und andererseits ihre Mehrschichtigkeit und Mehrdeutigkeit, die jede künstlerische Gattung sprengt und daher nur als Ebenbild der Schöpfung bzw. des Paradieses Ausprägung finden kann.

Ein Kern des Orangerie-Ideals ist die Apotheose. So ist die Orangerie der Ort, an dem die Götter wohnen. In erster Linie wohnt dort Hera, nach der griechischen Mythologie die Herrin der Hesperiden. Mit der Göttermutter Hera wird aber auch der gesamte olympische Götterkreis zur Dominante von Hesperidengarten und Orangerie. Im Sinne der Mythologie konnte es nur folgerichtig sein, dass nur ein Unsterblicher in Menschengestalt, der Sohn des Göttervaters selbst, eben der tugendhafte Herkules, den Zugang zu die-

klänge an antike Tempelfronten sind dabei ebenso gewollt wie die genetische Abhängigkeit vom Louvre-Westflügel in Paris. Die Architektur evoziert den baulichen Anspruch eines Tempels, sodass die Funktion der Orangerie in der tempelartigen Architektur allegorisch aufgewertet erscheint.

Eine Tempelhaftigkeit ist architektonisch auch beim Orangeriegebäude in Fulda nachvollziehbar, das als großer, kolossal instrumentierter Pavillon von zwei seitlichen Arkaden-Flügeln ergänzt wird. Die große axiale Tempelfront wird in Fulda übrigens mit einem Teatro auf dem Vorplatz kombiniert, das fast sklavisch das Vorbild des Teatro von Sebastiano Serlios Nicchione des Belvedere im Vatikan wiederaufnimmt. Hier in Fulda findet sich auch die das Tempelmotiv ergänzende Gestaltungskomponente der antiken Götterfiguren. So erhebt sich im Zentrum des Teatro die Statue der Göttin Flora, zunächst als Ausstattung der Außenarchitektur. Wie bei fast allen Orangerien wird das mythologische Bildprogramm im Innern des Gebäudes ebenso wie in weiteren Gartenfiguren fortgeführt. So unterstreichen sie in Verbindung mit dem Tempelmotiv die schon angesprochene Dimension des Hesperidengartens als Sphäre des Göttlichen.

Auch der Obelisk zählt zu den allgemein als typisch antik anerkannten Architekturmotiven. Als Stein gewordener Strahl der Sonne ist er zunächst Auszeichnung für seinen Standort als Wohnort des „sol invictus" und Mittelpunkt der Welt. Zugleich ist er Zitat der antiken Geistes- und sem göttlichen Bereich herstellte. An die Stelle von Herkules tritt im 17./18. Jahrhundert aber nun ganz individuell der jeweilige Herr des Orangeriegartens, sei es im Wege einer auf die Tugenden bezogenen Identifikation oder über die personifizierende fürstliche Apotheose. Herr eines Orangengartens zu sein, hieß die eigene göttliche Dimension zu veranschaulichen.

Um das Ideal „Orangerie" nur annähernd zu erfassen, gilt es zu akzeptieren, dass es sich bei der Orangerie um ein Phänomen handelt, das nur in Teilbereichen gegenständlich greifbar wird. Die Orangerie ist in ihrer Vollständigkeit immer eine Sphäre, die nicht nur einen Ort oder einen gestalterischen Topos in Anspruch nimmt, die nicht nur in Fläche, Raum oder Architektur Ausdruck findet, sondern die über den realen Raum hinaus auch eine sinnliche, geistige und historische Dimension enthält. So strahlen Orangenbäume einen Duft aus, entfalten im Wind ein eigenes Spiel und sind trotz aller architektonischen Bezüge Lebewesen unter freiem Himmel. Ihr Erscheinungsbild ändert sich im Sonnenlicht und im Laufe der Historie zu den Jahreszeiten. Man kann sagen, Orangerien sind ein Mikrokosmos für sich. Orangerien werden so zu einer in sich geschlossenen Form mit dem Anspruch der Exklusivität und dem allegorischen Topos des Paradieses. Sie können einer einzigen Kunstform allein nicht zugeordnet werden. Ihr Wesen geht über den Rahmen von Hochbau und Tiefbau, ebenso über die herkömmlichen Begriffe der Gartenarchitektur bei weitem hinaus. Die Sphäre umfasst auch den Sinnzusammenhang, den Hintergrund der antiken Mythologie, die Erfahrbarkeit im Sinnlichen durch Schmecken, Riechen, Tasten, die Dimension der Naturgewalten und das Kosmische. Die Orangerie stellt schließlich eine Vereinigung aller künstlerischen Formen und Darstellungsmethoden dar. Im Bedeutungskern reicht Orangerie sogar bis ins Übersinnliche, schließt das Numinose und das Faszinosum mit ein.

Orangeriekultur in Thüringen

Die bisherige Orangerieforschung in Thüringen zeichnet mit dem sehr einseitigen Schwerpunkt auf Weimar ein Bild, das die eigentliche Blütezeit der Orangeriekultur vom 16. bis zum 18. Jahrhundert weitgehend ausklammert. Unbestritten übernahm Weimar in der Epoche der Vorklassik, also im letzten Viertel des 18. Jahrhunderts, mit seiner großen Orangerie von Schloss Belvedere eine gewisse Führungsrolle. Dies geschah jedoch in der späten Epoche der abklingenden Orangeriekultur, in der man sich schon deutlich von der hergebrachten Orientierung am Bildungsideal des Humanismus abwandte und die seit der Renaissance angestrebte Symbiose aus Gartenkunst und Allegorese nicht mehr den Maßstab bildete. In diesem letzten Viertel des 18. Jahrhunderts waren allenfalls noch das Ideal Arkadiens und das persönliche Empfinden einer Sehnsucht nach dem Süden für die Gestaltung von Orangerien verbindlich. Aufgegeben war die einst grundlegende Ausrichtung auf den Hesperidenmythos. So bildeten die Orangerien damals kein gesellschaftlich verbindliches Ideal mehr und waren auch nicht mehr in das höfische Gesamtkunstwerk eingebunden. Ein ausgeprägtes botanisches Interesse und Rousseau'sche Naturliebhaberei waren an deren Stelle getreten. Die in der neuzeitlichen Kulturgeschichte relativ späte Blüte des Weimarer Hofes findet daher ihren adäquaten Niederschlag in den Formen einer spürbar abklingenden Orangeriekultur.

Was die früh-, hoch- und spätbarocke Orangeriekultur in Thüringen angeht, so sind es eher Schmalkalden und Schwarzburg, Sondershausen und Gotha, Altenburg und Hildburghausen, denen eine gewisse Führungsrolle zukam. Doch nur für einen Teil dieser Anlagen sind Überlieferung und Bestandserhalt befriedigend. Bei allen Thüringer Orangerieanlagen weist der Forschungsstand große Defizite auf, auch in Spätfolge einer langjährigen einseitigen Kulturförderung mit Konzentration auf das Umfeld der Weimarer Klassik.

Es ist hier nicht der Platz für eine umfassende Orangeriegeschichte Thüringens. Dennoch sei kurz die Entwicklung der Orangerien in diesem Raum, auch unter Erwähnung von Orangerieanlagen außerhalb des hier beschriebenen Bestandes der Stiftung Thüringer Schlösser und Gärten, skizziert. Eine herausragende Rolle in der Entwicklungsgeschichte der Orangerien in Thüringen spielt zweifellos die Anlage von Schloss Wilhelmsburg in Schmalkalden. Mit der Terrassierung des südlichen Schlossbergs entstand dort eine Gartenanlage mit reichem Kübelpflanzenbestand. Es sind vorwiegend Lorbeer-, Zitronen- und Pomeranzenbäume, deren Überwinterung bereits 1604/05 erwähnt wird. Allerdings wird erst 1704 auch das Gewölbe in der Großen Pfalz in seiner Funktion als Winterung erwähnt. Wie bis dahin die Überwinterung der frostempfindlichen Pflanzen in Schmalkalden konkret erfolgte, wissen wir nicht.

Ein herausragender Platz in der Orangeriegeschichte Thüringens kommt zweifellos den schwarzburgischen Territorien zu. Um 1700 entstanden die umfangreichen Orangeriebestände bei Schloss Sondershausen. Ab 1699 nahm die Orangerie auf Schloss Schwarzburg Gestalt an, auch wenn sie erst 1719 ihren endgültigen Abschluss fand. Der in den Grundzügen um 1695 angelegte, aber erst im ersten Viertel des 18. Jahrhunderts vollständig ausgestaltete Schlossgarten zu Hildburghausen enthielt unmittelbar östlich des Schlosses eine stattliche, aber heute nicht mehr erhaltene und daher häufig unterschätzte Orangerie mit großem Pomeranzengarten. Sie zählte zu den frühen Beispielen in Thüringen. Bemerkenswert sind für Thüringen auch die um 1712 entstandene Orangerie im Schlossgarten von Altenburg und die 1729 bis 1732 entstandene Orangerie von Schloss Osterstein in Gera. Überhaupt erfährt bis zur Mitte des 18. Jahrhunderts der Orangeriebestand in Thüringen erheblichen Zuwachs. Erhalten blieben etwa die Orangerien am Neuen Palais in Arnstadt, in Oppurg, Meuselwitz und Großkochberg. Die Orangerie in Rudolstadt-Cumbach entstand 1740 und wurde 1745 durch Gottfried Heinrich Krohne erweitert. Eine herausragende Rolle kommt sicher der zunächst auf Schloss Friedrichstal ausgerichteten Orangerie von Gotha zu, die 1747 an die Stelle einer älteren Orangerie um 1700 trat. Bedeutende Beispiele für das späte 18. Jahrhundert sind die Orangerie in Bendeleben und die 1774 entstandene Orangerie der schwarzburgischen Nebenresidenz Ebeleben. Ein sehr spätes Beispiel ist das 1788 bis 1792 entstandene Orangeriehaus in Ebersdorf. Mehr als einer Erwähnung bedarf natürlich die Orangerie des Weimarer Belvedere, deren Entstehung bis auf die frühen dreißiger Jahre des 18. Jahrhunderts zurückgeht. Gerade weil sie in ihrer barocken Konzeption unvollendet blieb, konnte sie im Zeitalter der Aufklärung als privates Arkadien eines Fürsten das wichtige Bindeglied der Orangeriekultur zum 19. Jahrhundert bilden.

Die Orangerie des Weimarer Belvedere erhielt ihre für das 18. Jahrhundert prägende Gestalt unter der Herrschaft von Herzog Ernst August von Sachsen-Weimar. Seit 1728 an der Alleinregierung, betrieb dieser Herzog den systematischen Ausbau seiner schon ab 1724 eingerichteten Fasanerie im Bereich des Weimarer Belvedere. Sollte zunächst die Anlage nur zur Befriedigung seiner Jagdleidenschaft dienen, so erfolgte nun der Ausbau zu einer repräsentativen Sommerresidenz von absolutistischem Anspruch. Die persönliche Vorliebe des Herzogs für Fasanerie und Menagerie räumt den dafür erforderlichen Bereichen und ihren zugehörigen Bauten den in der Anlage bevorzugten Platz in unmittelbarer Schlossnähe ein. Diese Umstände verweisen die Orangerie in die östliche Flanke der Gesamtanlage. In diesem eher abgelegenen und statt üblicherweise nach Süden nun nach Westen orientierten Bereich entstand 1729 das Gärtnerhaus.[68] Wenig später, 1731/32, folgte südwestlich davon ein Orangenhaus, das sozusagen auf halbem Weg zwischen Gärtnerhaus und Schloss seinen Platz fand. Als altes Orangeriehaus sollte es bis 1808 bestehen bleiben. Ausgesprochen ungewöhnlich war bereits die im Ergebnis dieser Planung festgeschriebene Lage des Orangeriestellplatzes nördlich

bzw. nordöstlich des Orangenhauses. Der für seine gestalterische und konzeptionelle Sprunghaftigkeit bekannte Bauherr Herzog Ernst August von Sachsen-Weimar entschloss sich 1735, die Idee einer großen Orangerie zu verwirklichen. Dabei war es wohl weniger sein Wunsch, die für jeden Fachmann nachvollziehbar unbefriedigende Lage und Ausrichtung der alten Orangerie zu korrigieren als vielmehr wieder eine seiner neuen baulichen Ideen spontan umzusetzen. Ab 1739 gelangte die nach den Plänen von Johann Adolf Richter entworfene Hufeisen-Orangerie zur Umsetzung. Sie wählt das bestehende Gärtnerhaus von 1729 als Scheitelpunkt und ergänzt es beiderseits durch hufeisenförmige Flügelbauten. Die im örtlichen Sprachgebrauch als „ovale Häuser" bezeichneten Flügel bildeten so ein nach Westen ausgerichtetes Teatro. Nach wie vor ungeklärt ist, was Ernst August eigentlich veranlasste, an dieser Stelle die Grundform der klassischen Teatro-Orangerie zu wählen. Eher fragwürdig erscheint die Vermutung, dass der Bauherr hier lediglich aus einer Laune heraus einen im Traktat des Theoretikers Dézallier d'Argenville abgebildeten Orangerievorschlag realisieren wollte.[69] Möglicherweise wollte er der Orangerie mit dem sehr bedeutungsbehafteten Teatromotiv doch einen besonderen höfischen Anspruch geben. Im Ergebnis blieb das Unternehmen im non finito stecken, nachdem Ernst August schon bei Aufnahme der

Bauarbeiten im Jahr 1739 das Interesse an seiner neuen Hufeisen-Orangerie verlor. Der von extremer Ruhelosigkeit getriebene Bauherr ist dafür bekannt, dass er immer wieder neue Anregungen des Zeitgeistes auf eigenwillige Weise umzusetzen suchte und sich dabei fast sprunghaft neuen Projekten zuwandte. Auch die neue Orangerie des Belvedere ließ er fast unweigerlich als Stückwerk zurück.

Im Jahr 1759, schon unter der Regentschaft Anna Amalias, wurde das Orangerieensemble am Weimarer Belvedere nun durch das so genannte Lange Haus, ein südöstlich der Hufeisen-Orangerie errichtetes Gewächshaus, ergänzt.[70] Dieses als „Treibe-Haus" bezeichnete Gebäude diente als Funktionsbau im Sinne eines Gewächshauses und befriedigte mit seiner idealen Ausrichtung nach Südwesten die mit den anderen, pflanztechnisch weniger ideal ausgerichteten Bauten im Orangeriebereich verbliebene Lücke. Überliefert ist die Nutzung des Langen Hauses zur Aufzucht von Kaffeepflanzen sowie zur Aufnahme von Zwetschgen- und Orangenbäumen. Annähernd 50 Jahre lang nahm das Ensemble des 18. Jahrhunderts aus insgesamt vier Orangenhäusern alle Pflanzbestände im Weimarer Belvedere auf, das alte Orangeriehaus, der nördliche und der südliche Flügel der hufeisenförmigen Orangerie und das Lange Haus. Von 1760 bis 1808 wurde an ihrer Architektur kaum etwas verändert.

Weimar, Gewächshäuser der Orangerie von Schloss Belvedere

37

Eine deutliche Änderung trat dann unter Herzog Carl August ab 1808 ein. Hatte Carl August 1806 das Weimarer Belvedere seinem Sohn Carl Friedrich (1783/1828–1853) und dessen Gemahlin Maria Pawlowna (1786–1859) überlassen, so geschah dies ausdrücklich unter der Bedingung, dass sich Carl August die Orangerie, die Treibhäuser und den Küchengarten selbst zur freien Disposition vorbehielt.[71] Bestätigte diese Entscheidung des regierenden Herzogs einerseits sein grundsätzliches Desinteresse an Schloss und Park Belvedere, so unterstrich sie andererseits das persönliche Anliegen, sich mit den Gewächshausanlagen des Belvedere ein Refugium für seine neue Passion, die Botanik, zu schaffen. So ließ Carl August in einer ersten durchgreifenden Maßnahme bereits 1808 das alte Orangenhaus abbrechen und im Ersatz dafür das so genannte Neue Haus errichten. Es verband nun die bis dahin getrennten Bauten der südlichen Hufeisen-Orangerie und des Langen Hauses miteinander. Mit dem Bau des Neuen Hauses konnte zudem die zugige Lücke zwischen dem südlichen Flügel der Hufeisen-Orangerie und dem Langen Haus auf der Belvederer Anhöhe geschlossen werden. Gleichzeitig fand aber auch eine bemerkenswerte Umorientierung und Neuausrichtung der Gesamtanlage statt, nämlich hin zum neuen Stellplatz für die Pflanzen vor dem Langen und dem Neuen Haus. Der neue Platz war nun nach Süden ausgerichtet. Die seit 1808 durch Carl August verfolgte, mit der Errichtung des Neuen Hauses aufs Engste verbundene Konzeption beinhaltete nicht mehr eine höfische Orangerie im Sinne des 18. Jahrhunderts, sondern einen dem Fürsten selbst vorbehaltenen, botanischen Lustgarten.[72] In der Sonderform des höfischen botanischen Gartens um 1810 fand er auf dem Weimarer Belvedere seine Vollendung und bildete in gewisser Hinsicht das Pendant zum botanischen Garten der Universität Jena. Mit dem botanischen Lustgarten des Belvedere schuf Carl August sein ihm persönlich vorbehaltenes Refugium, in dem er gleichermaßen seine botanische Passion wie seine persönlichen Sehnsüchte nach einem arkadischen Ambiente befriedigte. Somit kennzeichnet die Errichtung des Neuen Hauses in der Orangerie des Weimarer Belvedere jenen Umbruch, mit dem aus der höfischen Orangerie als Metapher der antiken Natur- und Geisteswelt nun das in den Norden verpflanzte Stück südländischer Natur wird, mit dem an die Stelle des vielschichtigen höfischen allegorischen Programms die Befriedigung persönlicher Sehnsüchte tritt.

Orangerie und Gartenkultur – eine denkmalpflegerische Herausforderung

Orangerien sind Gesamtkunstwerke von breitester Dimension und außerordentlicher Qualität. Sie zu erhalten, zu unterhalten und im Sinne einer lebendigen Gartenkultur fortzuentwickeln, bedarf eines denkmalpflegerischen, baulichen und gärtnerischen Engagements, das weit über die einzelnen Fachbereiche hinausgeht. Nicht nur Erhaltung und Pflege, sondern auch Nutzung und gärtnerische Betreibung, kunsthistorische Erforschung und inhaltliche Vermittlung, ordnungsgemäße Verwaltung und touristische Erschließung gilt es miteinander zu verknüpfen. Wie bei kaum einem anderen Gesamtkunstwerk stellt sich bei Orangerien ganz besonders die Forderung nach einer Gesamtverwaltung, also einer ganzheitlichen Fürsorge für das kulturelle Erbe sowie dessen weitere Tradierung und Fortentwicklung in die Zukunft. Für die Orangerien bedeutet dies im Konkreten die Einbindung in eine lebendige Gartenkultur, bei allem Verständnis für die historischen Wurzeln und entsprechendem Respekt vor historischer Substanz und überkommenen Techniken und Kenntnissen. Jeder Ansatz zur Spezialisierung hat also einherzugehen mit entsprechender Sorge für die ganzheitliche Erhaltung des eigenständigen Mikrokosmos Orangerie. Orangerien bedürfen als Gesamtkunstwerke in ganz besonderer Weise der Gesamtverwaltung, wie sie insbesondere von den öffentlich-rechtlichen Schlösserverwaltungen in Deutschland praktiziert wird. Neben dem gesamtheitlichen Ansatz ist aber auch die Kontinuität der Pflege eine besondere Voraussetzung für den Erhalt und Fortbestand der Orangerien. Die kontinuierliche Pflege ist hierbei nicht nur für den Erhalt des qualitativen Standards und das schöne Erscheinungsbild der Orangerien erforderlich, sondern auch zur Weitergabe von Kenntnissen und Erfahrungen und der Gewährleistung der Substanz des Gartenkunstwerks, die sich nur durch langfristige Arbeit und nachhaltige Konzepte realisieren lässt. Der wichtigste Teil des konservatorischen Engagements artikuliert sich also in der kontinuierlichen Pflege.

Neben Pflege und Substanzerhalt, neben Bewahrung und rekonstruktiver Ergänzung des Gartenkunstwerks bildet seine geistesgeschichtliche Verankerung, die Offenlegung seiner geistigen Inhalte und Hintergründe eine ganz wesentliche Voraussetzung zu seinem Erhalt und Verständnis. Nur Gärten, die verstanden werden und vermittelbar sind, werden auch langfristig von der Gesellschaft akzeptiert und erhalten werden. Gerade im Bereich der Orangerien wird hier noch viel aufzuholen sein. Vor allem zeigt sich im Bereich der Orangerien und ihrer vielschich-tigen, teilweise verschütteten Dimension, wie dringend es geboten ist, in Mitteleuropa die Gartenkultur als einen Teil der Künste im Bewusstsein der Allgemeinheit noch zu verankern. Viel zu wenig ist der Garten als Kunstwerk erkannt, viel zu selbstverständlich bildet ein weit verbreiteter Dilettantismus im Umgang mit Gärten und Gartenkultur den Maßstab, mit dem auch an die große Gartenkunst herangegangen wird, mit dem diese aber keinesfalls zu bewältigen ist. Um der großen Gartenkunst gerecht werden zu können, wird man an die herausragenden Leistungen der höfischen Gartenkunst des 19. und frühen 20. Jahrhunderts erneut anbinden müssen, sie aber auch als gesellschaftliche Aufgabe neu definieren müssen. So wie Park und Garten als öffentliche Aufgabe wieder im Bewusstsein der Gesellschaft verankert werden müssen, so gilt es, die Orangerien als besondere Juwelen der Gartenkultur in die Wertschätzung des Kunst- und Kulturbetriebes zurückzuführen. Den weitgehend verschütteten Schatz der Orangerien in den kommenden Jahrzehnten erst noch richtig zu heben, sehen wir uns in der Pflicht.

[1] Carsten Schirarend und Marina Heilmeyer, Die Goldenen Äpfel. Wissenswertes rund um die Zitrusfrüchte, Berlin 1996, S. 15.

[2] Im Unterschied zu *prunus persica*, der persischen Pflaume, die heute als Pfirsich bekannt ist und bei Übersetzungen häufig mit *malus medica* verwechselt wird.

[3] Helmut-Eberhard Paulus, Die Schönbornschlösser in Göllersdorf und Werneck (Erlanger Beiträge zur Sprach- und Kunstwissenschaft, Bd. 69), Nürnberg 1982, S. 126.

[4] C. Schirarend, M. Heilmeyer, 1996, S. 28.

[5] H.-E. Paulus, 1982, S. 127f.

[6] Vgl. Marina Heilmeyer, Die Medici, Villa Castello und die Zitrusfrüchte, in: C. Schirarend, M. Heilmeyer, 1996, S. 58.

[7] Sylvia Saudan-Skira und Michel Saudan, Orangerien. Paläste aus Glas vom 17. bis zum 19. Jahrhundert, Köln 1998 (deutsche Ausgabe), S. 14.

[8] Ebenda, S. 11.

[9] Ebenda, S. 11f.

[10] Ebenda, S. 12.

[11] Beatus Rhenanus, Rerum Germanicarum Libri Tres, Basel 1531; vgl. hierzu Heinrich Hamann, Die Entwicklung der Orangerien in Deutschland, in: C. Schirarend, M. Heilmeyer, 1996, S. 66–74, hier S. 66; die von Hilda Lietzmann geäußerten Zweifel (siehe Norbert Nordmann, Orangerien und Gewächshäuser im Kulturraum Altbayern, in: Ein Hauch von Gold, Pomeranzen und Gartenkunst im Passauer Land, hg. vom Landkreis Passau, Regensburg 2005, S. 121–130, Anm. 7) können sich nur auf die Bandbreite der südländischen Gewächse im Fugger-Garten beziehen. Insofern kommt der Einschätzung von Heinrich Hamann, dass die in Italien heimisch gewordenen Agrumen in Augsburg vorhanden waren, weiterhin eine an Sicherheit grenzende Wahrscheinlichkeit zu.

[12] Clemens Alexander Wimmer, Von denen Lust- und Blumen-Bäumen. Das Kübelpflanzensortiment in Renaissance und Barock, in: Allerley Sorten Orangerie (Schriftenreihe des Arbeitskreises Orangerien in Deutschland e.V., Bd. 3), Potsdam 2001, S. 72ff., hier S. 77.

[13] H.-E. Paulus, 1982, S. 128.

[14] Vgl. Gerd Held, Orangen. Wie die Südfrucht in den Norden kam, in: Die Zeit, Nr. 8 vom 19. Februar 1993, S. 40.

[15] S. Saudan-Skira, M. Saudan, 1998, S. 11.

[16] Vgl. hierzu insbesondere ebenda, S. 12f.

[17] Clemens Alexander Wimmer, Die Verbreitung der Zitrusarten im Renaissance- und Barockgarten, in: C. Schirarend, M. Heilmeyer, 1996, S. 79–82.

[18] Vgl. hierzu auch H.-E. Paulus, 1982, S. 125ff.

[19] Antoine Joseph Dézallier d'Argenville, Die Gärtnerei sowohl in ihrer Theorie oder Betrachtung als auch in Praxis oder Übung, Teil III, Kapitel VI, Augsburg 1731.

[20] Jan Commelyn, Nederlandtze Hesperides, dat ist Oeffening en Gebruik van de Limoen- en Oranje Boomen, Amsterdam 1676 (vgl. Marcus Doornick).

[21] Siehe Carsten Schirarend, Von Apfelsine bis Zitrone, in: C. Schirarend, M. Heilmeyer, 1996, S. 33.

[22] Vgl. hierzu Adolf Schwammberger, Vom Brauchtum mit der Zitrone, Nürnberg 1965, S. 75 und Anm. 185.

[23] Flavius Josephus, Antiquitates, 3. Buch, Kap. 10, Abs. 4, Satz 2.

[24] Siehe hierzu A. Schwammberger, 1965, S. 63f. und Anm. 158.

[25] Siehe ebenda, S. 67 und Anm. 67.

[26] Vgl. hierzu ebenda, S. 61f.; zu den Mariendarstellungen der Renaissance vgl. Claudia Gröschel, Von der Götterfrucht zum Konsumgut, in: Oranien–Orangen–Oranienbaum. Ergebnisband des von der Kulturstiftung Dessau Wörlitz durchgeführten Symposion 1997 (Kataloge und Schriften der Kulturstiftung Dessau-Wörlitz, Bd. 9), München/Berlin 1999, S. 137.

[27] Siehe A. Schwammberger, 1965, S. 11–34.

[28] Vgl. hierzu ebenda, S. 35–47.

[29] Ebenda, S. 77.

[30] Ebenda, S. 79; Handwörterbuch des Deutschen Aberglaubens, Bd. 2, Berlin 1938–1941, S. 940ff.

[31] C. A. Wimmer, 1996, S. 80.

[32] Ebenda, Abb. S. 79.

[33] In der Renaissance wird das Festmahl im Garten zu einem gängigen Motiv; vgl. hierzu den Convito di Assuero in den Uffizien, Florenz (Ville e Giardini, Monumenta d'Italia, Istituto geografico de Agostini Novara, 1984).

[34] C. Schirarend, 1996, S. 17.

[35] Vgl. hierzu Geza Hajos, Die Dritte Natur, in: Gartenkunst. Bilder und Texte von Gärten und Parks, Katalog der 284. Sonderausstellung des Historischen Museums der Stadt Wien, Wien 2002, S. 55–58.

[36] Torsten Olaf Enge, Der Garten als Ideenlandschaft, in: Torsten Olaf Enge und Carl Friedrich Schröer, Gartenkunst in Europa 1450–1800, Köln 1994, S. 30–38.

[37] Ebenda, S. 36–38.

[38] Wies Erkelens, Orangenbäume im Besitz der Prinzen von Oranien, vor allem auf Het Loo, in: Oranien–Orangen–Oranienbaum, 1999, S. 92–102.

[39] Claudia Gröschel, Von der Götterfrucht zum Konsumgut, in: Oranien–Orangen–Oranienbaum, 1999, S. 137–148, insbesondere S. 139–142. Marina Heilmeyer, 1996, S. 58–60.

[40] Helmut-Eberhard Paulus, Ruhmestempel und Orangeriebelvedere – der Kaisersaalbau und das Orangerieparterre von Schloß Schwarzburg, in: Jahrbuch der Stiftung Thüringer Schlösser und Gärten, Bd. 5 (2001), Lindenberg 2002, S. 9–24.

[41] Vgl. Claudia Gröschel, „Die goldenen Äpfel", in: Der Süden im Norden. Orangerien, ein fürstliches Vergnügen, Regensburg 1999, S. 13.

[42] Vgl. Jacopo Sansovinos Villa Garzoni in Ponte Casale mit ihrer Herkules-Ikonologie.

[43] Vgl. hierzu M. Heilmeyer, 1996, S. 59.

[44] Zitiert nach Leon Battista Alberti, Zehn Bücher über die Baukunst, ca. 1432, Übersetzung von Max Theuer, Wien/Leipzig 1912.

[45] Ebenda, S. 492.

[46] Ebenda, S. 487.

[47] Ebenda.

[48] Ebenda.

[49] Vgl. Clemens Alexander Wimmer, Geschichte der Gartentheorie, Darmstadt 1989, S. 38.

[50] Benjamin Hederich, Gründliches mythologisches Lexikon, Leipzig 1770, S. 2445.

[51] Ebenda, S. 338.

[52] Ebenda, S. 2445.

[53] Vgl. Rosemarie Münzenmayer, Die Orangerie in Weikersheim, in: Arbeitskreis Orangerien, Tagungsbericht 2, Potsdam 1996, S. 76f.

[54] Man könnte sie einfach „Winterungsverschläge" nennen.

[55] Vgl. hierzu Helmut-Eberhard Paulus, Die Orangerie als Ideal, in: Jahrbuch der Stiftung Thüringer Schlösser und Gärten, Bd. 2 (1997/98), Lindenberg 1999, S. 103–127.

[56] Vgl. hierzu Heinrich Hamann, Bemerkung zur Entwicklung des abschlagbaren Pomeranzenhauses in Deutschland, in: Der Süden im Norden, 1999, S. 21–29.

[57] Vgl. C. A. Wimmer, 1989, S. 86.

[58] Zum Gegensatz zwischen mobiler und immobiler Orangerie vgl. H.-E. Paulus, 1982, S. 128f.

[59] Zitiert nach C. A. Wimmer, 1989, S. 86.

[60] Michael Seiler, Die Idealgestalt des Orangenbaumes am Hofe Ludwig XIV., in: C. Schirarend, M. Heilmeyer, 1996, S. 75–78.

[61] Der Wandel zur Kunstform bedeutete aber noch lange nicht die Entstehung einer verbindlichen Architekturform.

[62] Jederzeit nachvollziehbar in den Zitronengärten des Gardaseegebiets.

[63] So beim Isolotto im Boboli-Garten in Florenz oder dem Wassertheater der Favorita in Mainz.

[64] Vgl. Helmut-Eberhard Paulus, Orangerie und Teatro. Ein Beitrag zur Orangerie des Barock, in: Ars Bavarica, Bd. 31/32, München 1983, S. 77–88.

[65] Vgl. H.-E. Paulus, 1982, S. 144f.

[66] Clemens Alexander Wimmer, Die Orangerie als Festraum, in: Arbeitskreis Orangerien, Tagungsbericht 1, Potsdam 1992, S. 165–168.

[67] Paul Decker, Fürstlicher Baumeister oder Architectura Civilis, Bd. 3, Augsburg 1716, Taf. 20–21.

[68] Zur Orangerie des Weimarer Belvedere: Hans-Herbert Möller, Gottfried Heinrich Krohne und die Baukunst des 18. Jahrhunderts in Thüringen, Berlin 1956, S. 48f., S. 196 und S. 250f.; Jürgen Beyer und Jürgen Seifert, Weimarer Klassikerstätten. Geschichte und Denkmalpflege (Arbeitsheft des Thüringischen Landesamtes für Denkmalpflege, Bd. 5), Bad Homburg u. a. 1994, S. 316–323.

[69] So bei Heiko Laß und Maja Schmidt, Belvedere und Dornburg, Petersberg 1999, S. 54.

[70] Sibylle Hoimann, Zwischen „Treibe Hauß" und Wintergarten. Das Lange Haus in Belvedere bei Weimar, in: Von fürstlichem Vermögen und gärtnerischer Kunst (Schriftenreihe des Arbeitskreises Orangerien in Deutschland e.V., Bd. 4), Potsdam 2002, S. 83–94.

[71] Vgl. hierzu ebenda, S. 86.

[72] Ebenda, S. 88f.

Die Orangerien

der

Stiftung Thüringer Schlösser und Gärten

Vignette
Pomeranzenbaum
Nach Johann Christoph Volckamer, Nürnbergische Hesperides, 1708

Schloss Altenstein bei Bad Liebenstein

Die Gewächshäuser der Hofgärtnerei im Park Altenstein

Nördlich des bekannten Kurbades Bad Liebenstein liegen Schloss und Park Altenstein, eine der Sommerresidenzen der Herzöge von Sachsen-Meiningen. Die gartenkünstlerische Bedeutung dieses rund 160 Hektar großen Landschaftsparks geht weit über die Grenzen Thüringens hinaus. 1798 unter Herzog Georg I. begonnen, wurde seine Gestaltung, an der bedeutende Gartenkünstler des 19. Jahrhunderts, wie Hermann Fürst von Pückler-Muskau oder Carl Eduard Petzold, maßgebend mitgewirkt haben, erst etwa 100 Jahre später unter seinem Enkel Georg II. endgültig abgeschlossen. Eine Orangerie gab es auf dem Altenstein nicht. Die pflanzliche Ausstattung der unmittelbar an das Schlossgebäude angrenzenden Gartenterrassen hat diesem Teil des Innenparks in der zweiten Hälfte des 19. Jahrhunderts dennoch einen eindrucksvollen mediterranen Eindruck verliehen. Informationen über die Kultur von nicht heimischen Topf- oder Kübelpflanzen sind erstmals einem Bericht des Garteninspektors Theodor Buttmann an das Hofmarschallamt aus dem Jahr 1841 zu entnehmen, wonach die etwa 60 Quadratmeter große Glasfläche der vorhandenen Frühbeete, die bis dahin ausschließlich dem Anbau von Frühgemüse und der Anzucht der Sommerblumen gedient hatte, nun zum Teil auch „(...) zur Durchwinterung für Glashauspflanzen verwendet worden [sind]", deren Zahl mit jedem Jahr höher gestiegen, so wie sich die Liebhaberey für fremde Pflanzen gesteigert hat. Mit diesen Pflanzen soll angeblich die Decoration des Schloßes und der äußeren Parthien bewirkt werden, für dergleichen Zierpflanzen, welche sich durch (...) reiche Blumenfülle auszeichnen müssen, muß allerdings Sorge getragen werden (...)".

Nach Buttmanns Meinung würden diese Pflanzen jedoch hauptsächlich von botanischem Interesse sein und „(...) mehr in einen eigentlichen botanischen Garten [gehören]". Buttmann möchte daher wissen, „(...) welche Gattungen von Ziertopfpflanzen in Zukunft hier gezogen werden sollen". Die Überwinterung der im Einzelnen nicht näher aufgeführten Pflanzen sei bisher, schreibt er weiter, abgesehen von den Frühbeetkästen, in ungeeigneten Räumlichkeiten, wie einem Keller unter dem Schloss und in einem Raum des Wirtshauses erfolgt. Die künftige Überwinterung in den Frühbeetkästen, nicht zuletzt auch der hinzugekommenen Jungpflanzen, wäre nur noch auf Kosten der Anzucht des Frühgemüses möglich. „Liegt es in der Absicht des Herzoglichen Hofmarschallamtes", so fragt Buttmann an, „dem Bedürfnis an Frühgemüsen auf dem Altenstein zu entsprechen, wozu erfahrungsgemäß die Benutzung von 40 Mistbeetfenstern erforderlich sind, so könne dieses geschehen, wenn für die gleichfalls erforderlichen Topfgewächse ein geeignetes Local zur Überwinterung erbaut wird und sämtliche Mistbeetfenster – wie früher – zum Gemüsebau verwendet werden. In Bezug auf das gegenwärtige Bedürfnis an Decorationspflanzen für Altenstein halte ich den Bau eines hollender Kastens für am zweckmäßigsten, es würden die Erbauungskosten so wie Heizung desselben sehr gering gegen die Kosten für ein Glashaus ausfallen".[1] Mit diesem „hollender Kasten" war möglicherweise ein kleines Glashaus vor einer gemauerten Rückwand gemeint, dessen Konstruktion bereits im 18. Jahrhundert nach holländischem Vorbild empfohlen wurde. Unterschiedliche Neigungswinkel des Daches und der Glasfront sollten eine größtmögliche Ausleuchtung des Raums und der Wärmestrahlung gewährleisten. Für die Wärmezufuhr im Winter sorgte ein Heiz-

Seite 42:
Kübelpflanzen am
Hofmarschallamt

43

Hofmarschallamt
mit Kübelpflanzen

kanal an der Rückwand des Hauses. Ob der Vorschlag Buttmanns berücksichtigt wurde, geht aus den Archivalien nicht hervor.

Eine 1845 erfolgte Revision der Hofgärtnerei ergab einen Pflanzenbestand unter anderem von 200 Fuchsien, 200 Pelargonien und 100 Kappflanzen unterschiedlicher Sorten, ohne die Arten und Sorten im Einzelnen zu nennen.[2] Unter Kappflanzen sind solche Topf- und Kübelpflanzen zu verstehen, deren Heimat in Südafrika liegt. Dazu zählen verschiedene Pelargonienarten, Agapanthus oder Aloe. 1849 berichtete der Hofgärtner Eduard Ferrier, dass der Herzog (Bernhard II. Erich Freund) beabsichtigt hatte, ein Gewächshaus bauen zu lassen, der Bau dann aber verschoben wurde. Ferrier sah sich dadurch gezwungen, in Anbetracht einer seit neun Wochen anhaltenden Kälteperiode von –18 °C einen 1846 errichteten hölzernen „Pflanzkasten" eigenmächtig zu erweitern, um die bereits vorhandenen kälteempfindlichen Pflan-

zen überwintern zu können. Für diesen ungenehmigten Anbau, der zum Teil von ihm selbst und aus der Hofkasse finanziert worden war, musste er sich aber verantworten und erhielt seine verauslagten Kosten erst nach Befürwortung durch den Hofgarteninspektor Buttmann und der nachträglichen Genehmigung durch den Herzog erstattet.

In den Jahren um 1850 ist die Hofgärtnerei auf dem Gelände des heutigen Waldhotels am Schlosspark, östlich der Gaststätte Schloss Altenstein, entstanden. Offensichtlich sind dort dann auch Gewächshäuser gebaut worden, denn in einem Bericht des Hofgärtners Paul Niemeyer aus dem Jahr 1856 ist die Rede von „alten" und „neuen" Gewächshäusern.[3]

Wenn man davon ausgeht, dass nach einer Inventarliste aus dem Jahr 1851 auf dem Altenstein außer 2573 zur Dekoration bestimmten Topfpflanzen noch 3719 „Topfpflanzen [vorhanden waren], welche zur Decoration für den freien Grund",

Hofgärtnerei mit
Gewächshäusern
und Palmenhaus,
um 1930

also zur Auspflanzung auf den Schmuckbeeten am Schloss, verwendet wurden,
dann wird die Forderung der Gärtner
nach entsprechenden Pflanzenhäusern ver-
ständlich. Zu den zuerst genannten Topfpflanzen zählten allein 239 Zitruspflanzen (*citrus aurantium*), 57 Myrten (*myrtus
communis*), 493 Pelargonien, 517 Hortensien, 314 Fuchsien (alle ohne Angabe
der Arten oder Sorten), 13 Steinlorbeer
(*viburnum tinus*) und 255 *rosa semperflo-
rens*, einer Unterart der *rosa chinensis*,
der China- oder Bengalrose. Zu den Topfpflanzen, die im Sommer im Pleasureground des Innenparks und auf den Gartenterrassen am Schloss ausgepflanzt
wurden, gehörten unter anderem, wiederum ohne Angaben der Arten oder Sorten, 790 Fuchsien, 277 Pelargonien, 1062
Verbenen, 150 Georginen und 229 Kappflanzen.[4] Mit den Georginen waren die
Ende des 18. Jahrhunderts in Europa eingeführten Dahlien, so 1791 nach dem
schwedischen Botaniker Andreas Dahl
benannt, gemeint. 1804 wurden sie in

Deutschland eingeführt und hatten sich
hier zunächst unter dem Namen Georgina
eingebürgert, nachdem sie von Karl Ludwig Willdenow, Professor für Naturge-
schichte und Medizin und späterer Direktor des Botanischen Gartens Berlin,
zu Ehren seines Freundes Georgi in St.
Petersburg Georgina genannt wurden.
1816 kaufte der Erfurter Gärtnereibesitzer
Friedrich Adolph Haage die erste, ziemlich
gefüllt und violett blühende Dahlie. 1824
begann dann die bis heute erfolgreiche
Dahlienkultur und -züchtung im heutigen
Bad Köstritz durch Christian Deegen. Die
relativ große Anzahl von Dahlien ist
insofern erstaunlich, da der Herzog diese
nicht sonderlich liebte, wie aus einem
Bericht Ferriers hervorgeht.[5]
1887 berichtete der Hofgärtner Cornelius
dem Hofbauamt, dass sich die Gewächshäuser in einem schlechten Bauzustand
befänden und darüber hinaus auch den
Ansprüchen der höchsten Herrschaften
nicht mehr genügen würden, ohne näher
darauf einzugehen. In diesem Zusammen-

hang schlug er eine Erweiterung dieser Häuser vor. Offensichtlich wurde der Vorschlag aber nicht weiter verfolgt, denn erst 1890 brachte der Oberhofgärtner Vieweg-Franz die Angelegenheit gegenüber dem Herzog wieder ins Gespräch. Herzog Georg II. beauftragte daraufhin Vieweg-Franz, einen Lageplan und eine Skizze darüber anzufertigen, „(...) welcher Art diese Häuser sein sollten (...)". Er informierte gleichzeitig den Hofbaumeister Dr. Groeschel über die von Vieweg-Franz gewünschte „Erweiterung der hiesigen Gewächshäuser, da es *sehr* schwierig sei mit den jetzt vorhandenen durchzukommen". Er forderte Groeschel auf, sich mit den neuesten Erkenntnissen auf dem Gebiet des Gewächshausbaus vertraut zu machen und sich mit dem Hofgarteninspektor Grau und dem Oberhofgärtner Vieweg-Franz hinsichtlich der gärtnerischen Anforderungen an die Erweiterungsbauten abzustimmen. Außerdem wünschte er die Pläne und den Kostenvoranschlag zu sehen. Herzog Georg fügte hinzu: „Altenstein ist der Ort, der die schönsten Pflanzen bedarf, mehr als Meiningen, wo die hohen Gewächse fast nur des Sommers vor dem Glashaus stehen, wo ich wenigstens dieselben während der ganzen Sommerzeit nicht zu sehen bekomme." Er stellte in diesem Zusammenhang weiter fest, dass die „großen Tropenpflanzen" auf den Altenstein gehörten. „Hier sieht man sie, in Meiningen nicht." Der Herzog machte aber gleichzeitig darauf aufmerksam: „Jeder Luxus ist streng zu vermeiden, da die Gewächshäuser hier nicht besucht werden, wenn sie besetzt sind [das heißt, wenn sich die Pflanzen im Winterquartier befinden, d. Vf.]. Es ist möglichst einfach und wohlfeil zu bauen, Der Bau muß vor Herbst 1891 fertig werden".[6] Allein aus dieser Anmerkung geht hervor, dass der Herzog diese Häuser nicht als Schauhäuser betrachtete, sondern dass sie der Pflanzenanzucht und -vermehrung bzw. der Überwinterung der Kübelpflanzen dienen sollten. Die vom Herzog gewünschte Abstimmung fand am 19. November 1890 auf dem Altenstein statt, bei der auch die Vertreter der Gewächshausbauer Schmidt & Schlieder aus Leipzig anwesend waren. Das Ergebnis dieser Beratung wurde in einem Protokoll „Betreff Neuerstellung von Gewächshäusern in der Hofgärtnerei Altenstein" festgehalten. Bemerkenswert ist, dass zwischen dem bestehenden Kalthaus und seiner Erweiterung ein Kuppelbau, der später auch als Palmenhaus bezeichnet wurde, in einer Breite von neun Metern und einer Tiefe von sieben Metern mit einer lichten Höhe von acht Metern eingefügt werden sollte. „Nur die vordere Seite soll in Glas-Eisenconstruction ausgeführt werden, die übrigen Seiten massiv; Die Kuppel wird vollständig in Glasconstruction mit Matt-Glas hergestellt. Kuppel und Vorderseite werden doppelt eingeglast. Der Boden des Kuppel-Raumes wird 0,60 m über dem des Kalthauses liegen (...). In der Kuppel sowie im Kalthaus muß 3 °R bzw. 6–7 °R Temperatur [4–9 °C; d. Vf.] erzielt werden bei strengster Winterkälte".[7] Mit dieser Lösung war der Herzog unter Hinweis darauf, dass die Anlage zu groß sei, nicht einverstanden. Die Herren Gärtner, schrieb er, hätten in den vollen Topf verschwenderisch gegriffen. Die im Innenpark vorhandenen Teppichbeete seien bekannt. Es kämen keine weiteren hinzu, deshalb sei es möglich, den Pflanzenbedarf „aufs Haar" zu berechnen. Insbesondere kritisierte er die nach seiner Meinung unnötige Erweiterung des Vermehrungs- und Warmhauses, da im Bedarfsfall immer noch auf die im heutigen Bad Liebenstein vorhandenen Häuser zurückgegriffen werden könne. Der Blumenflor auf dem Altenstein sei 1890 auch ohne Vermehrungshaus wunderschön gewesen. Die Blumen seien auf dem Altenstein nicht Selbstzweck, sondern dienten nur zur Ausschmückung der Beete und Blumentische. Es dürfe darum nur so viel als nötig gebaut werden. „Hat der Gärtner zu große Gewächshäuser, treibt er Liebhabereien und verpufft eine Masse Geld (...)", so sein Kommentar.[8] Es kam ihm besonders auf das Kalthaus und das Palmenhaus an, in denen die Palmen, Zypressen und die übrigen Kübelpflanzen überwintert werden müssten. Das vorgeschlagene Projekt wurde also nicht genehmigt, und der Hofbaumeister bestellte den Oberhofgärtner zu einer erneuten Besprechung nach Meiningen, um die veränderte Situation zu beraten, denn der Herzog hatte entschieden, dass das Kalthaus und das Palmenhaus nach Plan auszuführen sei, „(...) dagegen das Vermehrungs-Haus reduziert, und [das] Warmhaus gänzlich gestrichen werden soll (...)". Man musste sich also darüber verständigen, „(...) wie die Reduction mit Rücksicht auf die knappsten Bedürfnisse stattfinden (...)" könnte. Nach Gegenüberstellung mehrerer Varianten kam man zu dem Ergebnis, dass das ursprüngliche Projekt „(...) den genau berechneten Bedürfnissen entspricht, und gestattet, das Warmhaus in Liebenstein und das alte Warmhaus in Altenstein, welche beide, wie angeführt, nur mit unverhältnismäßig hohen Kosten weiter erhalten werden können, zu beseitigen". Den Neubau des Warmhauses auf dem Altenstein sah man vor allem auf Grund der Tatsache gerechtfertigt, dass hier „(...) jene Pflanzen überwintert werden müssen, die vom Februar ab zur Vermehrung dienen, um den Bedarf für die Teppichbeete abzugeben". Zum anderen wurde auf die Baufälligkeit der vorhandenen Warmhäuser in Liebenstein und auf dem Altenstein hingewiesen, die nicht mehr aufzuhalten sei. In Anbetracht der angespannten Finanzlage schlug man vor, das Palmen- und Kalthaus noch 1891 und das vorgesehene Vermehrungs- und Warmhaus im folgenden Jahr zu errichten.[9] Offensichtlich hatte der Herzog dieser Lösung zugestimmt, denn aus einem Schreiben des Hofbaumeisters an die Firma Schmidt & Schlieder in Leipzig gehen Einzelheiten sowohl für das Warm- als auch für das Vermehrungshaus hervor. Abgesehen von der erwähnten Pflanzeninventarliste aus dem Jahr 1851 und den Erwähnungen einiger Kübelpflanzen im Zusammenhang mit den Diskussionen um den Neubau der Gewächshäuser 1890/91 liegen keine weiteren Pflanzenlisten vor, die Auskunft über den Kübelpflanzenbestand auf dem Altenstein geben könnten. Ebenso wenig geben die Archivalien Auskunft über die Schlossgärtnerei aus der Zeit nach dem Ersten Weltkrieg. Nach

dem Thronverzicht Herzog Bernhards III. war der Altenstein im Besitz der herzoglichen Familie geblieben, bis das Anwesen 1942 an das Land Thüringen verkauft wurde. Aus Bauzeichnungen der Bauverwaltung des Landkreises Eisenach aus dem Jahr 1943 geht hervor, dass die 50 Jahre zuvor entstandene Gewächshausanlage inzwischen erweitert worden war und nun aus drei Kalthäusern, dem Palmenhaus, einem Vermehrungshaus, zwei Warmhäusern und einem nicht näher bezeichneten kleinen Erdhaus bestand. Nach dem Zweiten Weltkrieg war die ehemalige Hofgärtnerei verpachtet, diente aber weiterhin auch der Überwinterung der Kübelpflanzen, die im Sommer nach wie vor im Umfeld des Schlossgebäudes aufgestellt wurden. 1968 wurde der Gärtnereibetrieb dann endgültig eingestellt, da man das Gärtnereigelände für einen Internatsbau der im Hofmarschallamt untergebrachten Agraringenieurschule benötigte, der 1972 fertig gestellt war.

Herzog Georg II., der die Gestaltung seiner Gartenanlagen in allen Einzelheiten sehr aufmerksam und kritisch – sicher nicht immer zur Freude seiner Gärtner – begleitete, hat einmal geäußert, dass der Altenstein von den Gärten im Meininger Unterland der „gepflegteste" sein müsse. Diesem Anspruch ist der Park bis zum Ende der Monarchie stets gerecht geworden. Sein Erscheinungsbild hat sich seit 1994 dieser Situation wieder weitgehend angenähert.

Wenn es auf dem Altenstein, wie schon erwähnt, auch keine Orangerie im klassischen Sinne gegeben hat, so hatte die aufwendige gärtnerische Gestaltung der Schlossterrasse, vor allem aber der südlich des Schlossgebäudes gelegenen Gartenterrassen einen eindrucksvollen mediterranen Eindruck vermittelt. Herzog Georg hatte sich bereits als Erbprinz ab 1853 um die Gestaltung des Gartens an der Villa Carlotta am Comer See in Oberitalien bemüht und seinen Hofgärtner Wilhelm Sell mit der Planung zur Erweiterung des Gartens unter Einbeziehung der zum Comer See hin abfallenden barocken Terrassenanlage beauftragt. Diese Villa hatte seine erste Gemahlin, Charlotte von Preußen, als Brautgeschenk von ihrer Mutter anlässlich ihrer Vermählung mit Georg 1850 erhalten. Sie starb fünf Jahre später, und das Anwesen ging in den Besitz des Erbprinzen über. Die Gestaltung dieser Gartenterrassen, wie auch der seitlich angrenzenden landschaftlichen Gartenbereiche, ist von Georg nachweislich stark beeinflusst worden. In den Jahren nach 1853/54 waren hier Meininger Hofgärtner tätig, darunter auch der spätere Hofgarteninspektor Eduard Grau. 1906 wurde, wie zuvor auf dem Altenstein, eine Gewächshausanlage von der Leipziger Firma Schmidt & Schlieder errichtet. Das südländische Flair dieser Gar-

tenanlage hätte auf den Altenstein mit einer Meereshöhe von fast 500 Metern auch, aber nur mit hohem finanziellen Aufwand erreicht werden können, zu dem Herzog Georg offensichtlich dann doch nicht bereit war. Dennoch sind in seiner Zeit im unmittelbaren Umfeld des Schlossgebäudes wirkungsvoll gestaltete Gartenbereiche entstanden, deren Vorbilder möglicherweise auch im Garten an der Villa Carlotta zu suchen sind, da hier wie dort Gartenterrassen das Bild bestimmen, die vorhanden waren und wirkungsvoll in die Parkgestaltung eingebunden wurden.

Günther Thimm

Lageplan

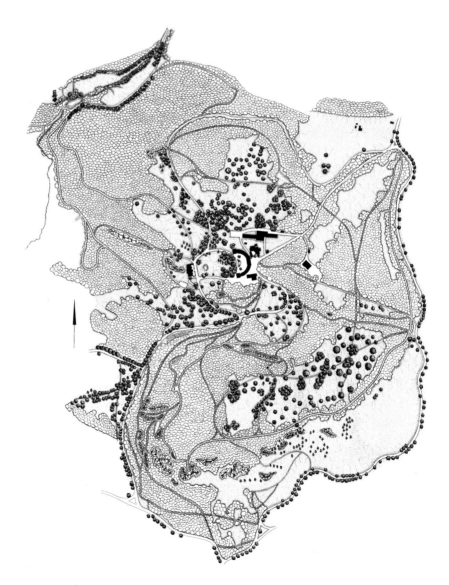

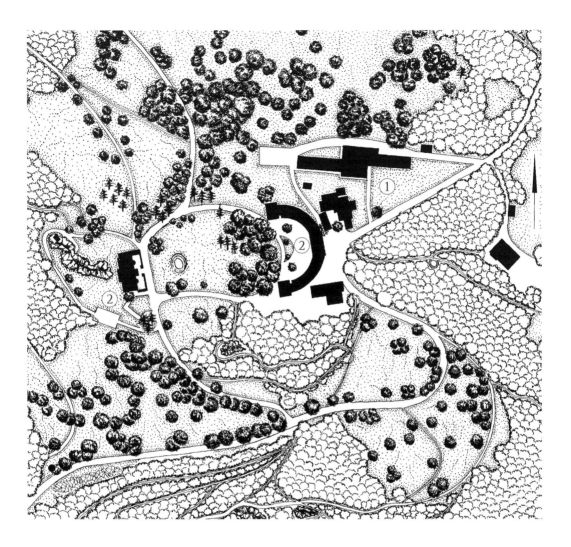

Lageplan, Ausschnitt

1 Gelände der ehemaligen Hofgärtnerei
2 Gartenterrassen am Schloss mit Teppichbeetanlagen,
  Sommerstandorte der Kübelpflanzen

Schloss Friedenstein in Gotha

Seite 52:
Zentraler Bereich des
Orangeriegartens
mit Blickachse zum
Teeschlösschen

Die Orangerie von Schloss Friedenstein in Gotha im 18. Jahrhundert – ein Speisesaal der Götter

In der Gesamtanlage von Schloss Friedenstein in Gotha bildet die Orangerieanlage einen eher abgeschiedenen Bereich. Sie ist damit Spiegelbild der historischen Entwicklung rund um Schloss Friedenstein und insbesondere der Orangerieanlage selbst, die bei aller Einbindung in den Park des Schlosses Friedenstein eindeutig auf die jüngere, 1711 für Herzog Friedrich II. errichtete Schlossanlage Friedrichsthal ausgerichtet wurde. Die ab 1747 entstandene Orangerie trat an die Stelle des herzoglichen Ordonanzgartens, der – um 1700 angelegt – bereits als Küchen- und Orangeriegarten diente. Die Baufälligkeit des dortigen Gewächshauses war der Anlass für eine völlige Neuplanung, die nach dem Wunsch des Herzogs in eine „bessere Symmetrie mit dem Friedrichstal" zu bringen war. Entscheidend für die Gestalt der Anlage wurde schließlich die planerische Tätigkeit von Gottfried Heinrich Krohne ab 1747. Maßgeblich wurde sein erster Ausführungsentwurf aus eben diesem Jahr, der die Orangerieanlage als einen offenen Gartenhof auffasste, der einerseits ein Pendant zu Schloss Friedrichstal bildet, andererseits den Friedensteiner Hang mit dem abschließenden terrassenförmigen Teatro besonders akzentuierte.[10] Die beiden Orangeriegebäude bilden ebenso wie die beiden anschließenden Gewächshäuser die Einfassung eines großzügigen Gartenkabinetts. Eine Terrassen- und Kaskadenanlage sollte dieses Gartenkabinett in zwei Bereiche teilen, einen unteren vor und zwischen den beiden Orangeriegebäuden und einen oberen. Der untere Bereich sollte nach dem für die Ausführung maßgeblichen ersten Ausführungsentwurf neben der Fontäne auch einen vertieften Rasenplatz enthalten, der den fürstlichen Herrschaften eine exquisite Gelegenheit zum Speisen bot, also einen regelrechten Speisesaal im Orangeriegarten bildete. Beiderseits waren um den Rasenplatz amphitheatralisch terrassierte und auf ihn orientierte Teatros angeordnet, in deren Cavea (Zuschauerraum) die Kübelbäume der Orangerie eingestellt werden sollten. Der obere Bereich des Gartenkabinetts enthielt eine zentrale Treppenanlage, deren beide Läufe um eine zweiteilige Kaskadenanlage herumführten. Die Kaskaden- und Treppenanlage

Orangeriegarten,
Blick von Westen,
im Hintergrund Schloss
Friedrichsthal

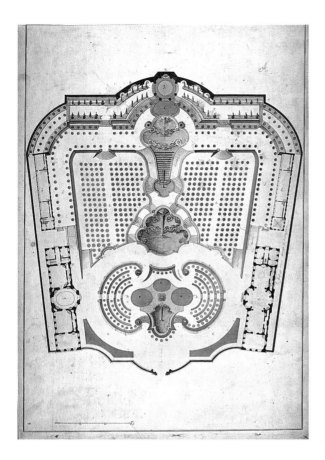

Gottfried Heinrich
Krohne, erster
Ausführungs-
entwurf zum
Orangeriegarten,
1747

errichtet wurde, während die nördliche Gruppe nach der von Intrigen ausgelösten Entlassung Krohnes nur sehr zögerlich zur Ausführung kam. 1758/59 wurde das nördliche Treibhaus und erst 1766 das nördliche Orangeriehaus errichtet. Zur Anlegung des Gartens nach Krohnes Vorschlag kam es schließlich nicht mehr, da die um 1770 in Deutschland einsetzende so genannte Gartenrevolution ein erstrebenswertes Ziel nur noch im Landschaftsgarten sah. Bis 1796 entstand daher nur der im Wesentlichen bis heute erhaltene grüne Rasenplatz zur Aufstellung der Kübelpflanzen, deren Bestand aber laut Inventar von 1781 noch immer stolze 2 953 Orangeriegewächse umfasste.

Das Besondere der Orangerieanlage in Gotha ist ihre gestalterische Eigenständigkeit in der Gartenanlage wie in den Bauten und die ausschließliche Ausrichtung auf den Orangeriezweck. Hier entstand eindeutig keine Orangerieanlage, die anderen Schloss- oder Parkbereichen untergeordnet sein sollte, sondern eine Anlage, die mit ihrer Eigenständigkeit der hohen Bedeutung des Ideals „Orangerie" voll Rechnung trug. So bildeten die Orangeriegebäude nicht nur ein Ensemble bequemer und praktischer Winterungs- und Nutzgebäude, sondern sie formten ein großdimensioniertes Amphitheater, in das sich eine ganze Reihe kleinteiligerer Gartenmotive einzufügen hatte. Rondelle, Kaskaden, Treppenanlagen und Terrassen bildeten hier eine gartenarchitektonische Welt von eigenständigem Charakter aus. Den Mittelpunkt aber sollte der vertiefte Rasenplatz zwischen den beiden Orangenhäusern darstellen, der zugleich auch den fürstlichen Herrschaften einen Essplatz im Freien zu bieten hatte. Eingefasst von den amphitheatralisch angeordneten Orangenbäumchen, die, terrassenartig in die Cavea gestellt, ein geschlossenes Theater in sich gebildet hätten, wäre dieser Essplatz des Herzogs zum Zentrum eines regelrechten Orangerie-Theaters geworden. Die heute realisierten Teile der Orangerie übermitteln also trotz aller Eindrucksfülle nur einen Abglanz dieses höchst anspruchsvollen Programms.

Helmut-Eberhard Paulus

sollte schließlich an einem kleinen Pavillon enden, der den bekrönenden, oberen Abschluss des gesamten Gartenkabinetts zu bilden hatte. Auf den Stellplätzen des oberen Bereichs sollten die Orangenbäume vor den beiden Gewächshäusern in schlichter Reihung stehen. Mit einem zusätzlichen Modell und einem zweiten Ausführungsentwurf von 1748, die Gottfried Heinrich Krohne beide zur Präsentation für den Herzog schuf, schlug er für eine aufwendigere Gestaltung im unteren Bereich eine zusätzliche Kaskade vor. Für den oberen Bereich wäre die schlichte Reihenstellung der Orangenbäume vor den Glashäusern durch Rondelle ersetzt worden und im Gegenzug der bekrönende Pavillon entfallen. Die Ausführung richtete sich aber wesentlich nach Gottfried Heinrich Krohnes erstem Ausführungsentwurf, sodass von 1747 bis 1751 zunächst die südliche Bautengruppe aus einem Orangenhaus und einem Treibhaus

Die Orangerie von Gotha vom 19. Jahrhundert bis zur Gegenwart

Die ersten Stadtpläne von Gotha zu Beginn des 19. Jahrhunderts verdeutlichen, dass die Entwürfe des Architekten Gottfried Heinrich Krohne im Hinblick auf die Gestaltung des Orangeriegartens nicht ausgeführt wurden. Stattdessen hatte man sich auf schlichte Rasenkompartimente beschränkt. Vier davon gruppierten sich um ein Brunnenbecken, das sich in der Hauptachse auf Höhe der beiden Haupteingänge der großen Gebäude befand. Zwei weitere Rasenspiegel waren auf der Hauptachse vom Friedrichsthaler Schloss zum Schloss Friedenstein, durch einen breiten Weg geteilt, zwischen den beiden Treibhäusern angeordnet.

Die Zusammensetzung des Bestandes an Orangeriepflanzen, der von 1644 bis in das 18. Jahrhundert hinein stetig erweitert, aber zu Beginn des 19. Jahrhunderts wieder verringert wurde, bestimmte die Nutzung und Bezeichnung der vorhandenen Orangeriegebäude. Im nördlichen Orangeriegebäude war hauptsächlich die etwa 650 Zitruspflanzen umfassende Sammlung von Orangen (*citrus sinensis*, 67 Stück), Bitterorangen (*citrus aurantium*, 244 Stück), Zitronat-Zitronen (*citrus medica*) oder Zitronen (*citrus limon*) (mit anderen Gattungen, wie beispielsweise Adamsapfel, 336 Stück, hauptsächlich in Töpfen) untergebracht, weshalb das Haus als das „große Orangenhaus" bezeichnet wurde. Das südliche, große Gebäude wurde das „Lorbeerhaus" genannt, offensichtlich wurden hier der Bestand an Lorbeerpflanzen (*laurus nobilis*, 222 Stück), aber auch andere Kalthauspflanzen, wie Zypressen, Granatbäume, Myrten, Oleander oder Feigen, überwintert.

Inventare wurden oft zu Beginn der Amtszeit eines Hofgärtners und der damit verbundenen Übernahme des Pflanzenbestandes von seinem Vorgänger angefertigt. Der Hofgärtner Christian Heinrich Wehmeyer, der 1772 vom Molsdorfer Garten nach Gotha in den Küchengarten versetzt worden war, hatte 1789 die Aufsicht über die Orangerie und den Garten des Schlosses Friedrichsthal übernommen.

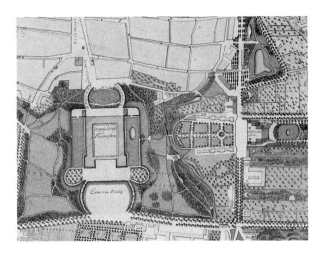

Noch einige Jahre zuvor, 1781, war vom Obergärtner Johann Conrad Sahl ein „Inventarium über die Orangerie bey allhiesigen Herzogl. Orange- auch Friedrichsthals Garten wie solches den 22. August und folgende Tage 1781 aufgenommen worden". Ein Inventar des Bestandes, das ein Jahr nach dem Tod Wehmeyers im Jahr 1813 angefertigt wurde, zeigt nicht nur den Bestand von insgesamt 1 425 Pflanzen an, sondern wurde mit der offenbar bei seinem Amtsantritt 1789 erneut aufgenommenen Liste verglichen.[11] Aus diesen drei Aufnahmen kann die Entwicklung des Bestandes über die Jahrhundertwende hinweg gut nachvollzogen werden. Zusammenfassend lässt sich ein leichter Rückgang kleinerer Topfpflanzen feststellen. Während 1781 insgesamt 2 953 Pflanzen gezählt wurden, wovon 870 in eckige, große Kästen und circa 2 000 in kleinere „Pots oder andere Garten-Töpfe" gepflanzt waren, wurden 1789 nur noch knapp 1 800 Pflanzen und 1814/15 noch etwa 600 Pflanzen in Kästen, circa 20 in Porzellantöpfen und etwa 800 in Tontöpfen, also insgesamt etwa 1 400 Stück vermerkt.[12] Besonders deutlich ist die Reduzierung an Lorbeerbäumen und -pyramiden, aber auch an Ananaspflanzen. Dies hing mit dem Abbruch der bis 1789 vorhandenen Ananashäuser im Küchengarten zusammen. Allerdings war 1814 eine sehr viel größere Anzahl von Warmhauspflanzen zu-

Orangeriegarten um 1815, Ausschnitt aus einem Stadtplan Gothas

sammengekommen, also eine vielfältige Pflanzensammlung von insgesamt 225 Individuen, pro Sorte nie mehr als drei Exemplare, meist aber nur Einzelpflanzen. Darunter fanden sich Bananen (*musa paradisiaca*), Passionsblumen (*passiflora*), Roseneibisch (*hibiscus rosa chinensis*), aber auch verschiedene Kakteen und Bleiwurze.[13] Die Benennung der beiden kleineren Treibhäuser veränderte sich im 19. Jahrhundert mehrmals, oft wurden sie als Glashäuser bezeichnet. Das südliche der beiden schien eine Zeit lang an den jeweiligen Hofgärtner zur eigenen Nutzung vergeben worden zu sein. So hieß es „Krüger'sches Haus" und später „Eulefeld'sches Haus". Weitere Gewächshäuser wurden im Laufe des Jahrhunderts südlich des Lorbeerhauses angesiedelt. 1841 wurden ein Warmhaus und ein kleineres Pflanzenhaus erwähnt, während 1845 ein Kamelienhaus und ein Erdhaus mit einer Ananas- und einer Pflanzenvermehrungsabteilung in den Akten der Hofgärtnerei genannt wurden.

Doch vorerst kam es 1828 zu einer entscheidenden Veränderung im Gefüge der Gothaer Gärten.[14] In diesem Jahr wurde der seit 1641/42 bestehende Küchengarten südlich des Schlosses an der Stelle des heutigen Museums der Natur aufgegeben und eine Baumschule angelegt. Noch vor dem Bau von Schloss Friedenstein (1643–1654) hatte Herzog Ernst I., genannt der Fromme, an dieser Stelle einen „Nutz- und Zehrgarten" von Hofgärtner Michael Döll und Gärtner Nicolaus Herold anlegen lassen. Seit 1644/45 vollendete der Hofgärtner Georg Tatter den herzoglichen Küchengarten und ließ am Westrand des Gartens sein Gärtnerwohnhaus errichten, das gleichzeitig als Überwinterungsgebäude für die ersten kälteempfindlichen Orangeriepflanzen diente.[15] In den darauf folgenden 14 Jahren wurde eine erstaunliche Fülle an Orangeriepflanzen (mehr als 100) angesammelt und in die Gestaltung der einzelnen Quartiere des Küchengartens integriert. Auf einem Plan zur „Pflege des herzoglichen Tiergartens hinter dem Schloß Friedenstein sowie Specification der darin befindlichen Gewächse" von 1658 sind sie in elliptischen,

runden und vieleckigen Beeten auf einem rechteckigen Gartengrundriss mit einer schrägen Längsseite wiedergegeben. Dazu gehörten 13 verschiedene Zitrus-Sorten, wie zum Beispiel die Zitronat-Zitrone (*citrus medica*), die Pomeranze (*citrus aurantium*) oder das Adamsapfelbäumchen (*citrus medica; Pomo d´Adamo*), sowie Lorbeer, Zypressen oder Oliven. An den Garten anschließend befand sich ein als „Pomerantzen Hauß" bezeichnetes Gebäude.[16]

In der Zeit waren diese seltenen Pflanzen oft nur über den Tausch oder als Geschenke von anderen Residenzen bzw. Höfen zu beschaffen. Einige der Pflanzen, wie ein Christusdorn oder ein Tamariskenbäumchen, waren schon 1649 aus dem fürstlichen Garten in Arnstadt vom dortigen Hofgärtner Zeysig übersandt worden. Vom Hofmedicus Martin Gebler aus Weimar erhielt man im gleichen Jahr vier Feigen, einen Kirschlorbeer, einen Drachenbaum und einen weiß blühenden Jasmin. Rot blühenden Oleander sandte Fürst Johann Casimir zu Anhalt-Dessau aus dem Dessauer Lustgarten. Die Pomeranzen hingegen kaufte man zwischen 1649 und 1652 bei „Schabi und anderen Italienern".[17] Diese beachtliche kleine Sammlung von klassischen Orangeriepflanzen war der Grundstock der später bedeutenden Orangerieanlage. Im Küchengarten waren außer dem Pomeranzenhaus später noch Ananasgewächshäuser errichtet worden. 1772 war der Küchengarten offenbar noch einmal neu gestaltet worden. Ein Jahr zuvor hatte man bereits einen weiteren „Ananaskasten" im Orangeriegarten angelegt. Spätestens 1795 waren die Ananasgewächshäuser im Küchengarten aufgegeben worden. Neben dem Rückgang der Ananaspflanzen, wie bereits angedeutet, war als zweite Gattung zu Beginn des 19. Jahrhunderts hauptsächlich der Lorbeer betroffen. Schon 1777 war offenbar eine Untersuchung des Zustands der Lorbeerbäumchen notwendig gewesen, wovon heute nur noch der Titel einer Akte zeugt. 1832 kritisierte der Obergärtner Rudolph Eyserbeck massiv die Behandlung der Orangeriepflanzen durch den Hofgärtner Müller

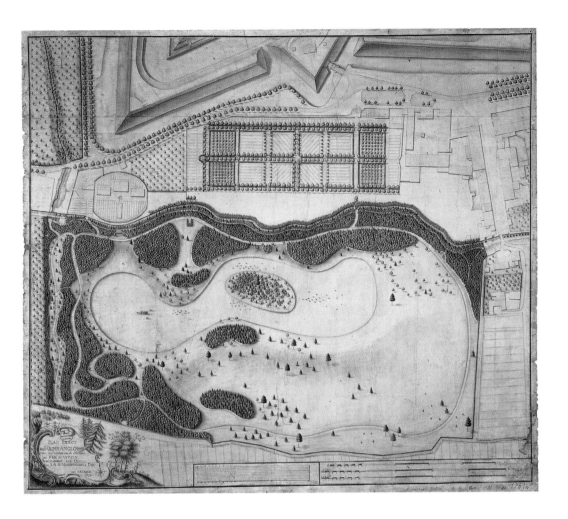

Johann Bartholomäus Orphal, Plan des herzoglichen Parks mit großem Küchengarten, 1774

und verfasste gleichzeitig eine Abhandlung „Über die Behandlung der Orangerie ein schönes Aussehen zu verschaffen, sowohl Blüthen und Früchte davon zu erhalten".[18] In dieser Arbeit deutete er an, dass „eine Menge Feigenbäume, Kirschlorbeer, Zitronen, und Adamsaepfel und Laurus tinus abgeschafft und sehr viel[e] Orangenbäume abgestorben" seien. Offenbar war die Anzahl der Orangeriepflanzen immer mehr im Rückgang begriffen, was der Hofgärtner Müller einerseits mit der ungünstigen Bauweise der Orangeriegebäude und daraus resultierenden Krankheiten zu begründen versuchte, andererseits wuchsen die einzelnen Exemplare zu immer größeren Individuen heran, die wesentlich mehr Platz beanspruchten. Im gleichen Jahr des Disputs zwischen den Gärtnern wurde ein weiteres Inventar angefertigt.[19] Die Anzahl der Pflanzen war rapide um mehr als die Hälfte auf 638 Stück zurückgegangen, aber noch immer wurde der Hauptbestand der Sammlung durch Zitrusarten gebildet. Die Schrift Rudolph Eyserbecks, der er später noch den Aufsatz „Bemerckungen über die Kranckheiten der Orangeriebäume" hinzufügte, ist heute ein unermesslicher Schatz, spricht doch daraus die langjährige Erfahrung eines mit dieser komplexen Materie vertrauten Fachmanns. Noch heute können diese historisch überlieferten Kenntnisse als Anleitung für die richtige Pflege alter, erhaltener Orangeriebestände oder neu aufgebauter Sammlungen dienen. Zehn Jahre später, 1842, verfasste beispielsweise der Hofgärtner

Carl August Seidel in Dresden eine derartige Abhandlung.[20] Johann Rudolph
Eyserbeck, Sohn des bekannten Wörlitzer
und Dessauer Gärtners Johann Friedrich
Eyserbeck, hatte 1788 „wegen seiner
Geschicklichkeit und besitzenden guten
Kenntnisse in der Garten-Kunst (...) unter
dem Prädicat eines Hofgärtners" seine
Stellung in Molsdorf angetreten.[21] Nach
dem Tod Wehmeyers in Gotha erfolgte
1813 seine Versetzung nach Gotha mit
der Beförderung zum Obergärtner 1814
und der damit verbundenen Oberaufsicht über sämtliche herrschaftliche Gärten in Gotha. In seinem Aufsatz beschrieb
Eyserbeck neben der Zusammensetzung
und dem „Reifeprozess" der Erde die Prozedur des Verpflanzens, Gießens und
Lüftens in Abhängigkeit von den Jahreszeiten und der Witterung. Außerdem
berichtet er vom Umgang oder „Wieder-
beleben" von Pflanzen, die durch einen
langen Transport, beispielsweise aus
Italien, beinahe vertrocknet waren, wie
er bei einem Aufenthalt in England bei

einem Handelsgärtner beobachten konnte.
Hofgärtner Müller schilderte dem Oberhofmarschallamt ausführlich seine Me-
thoden der Pflege, die seiner Meinung
nach kaum von den Eyserbeck'schen Angaben abwichen und machte widrige
Umstände, die nicht in seiner Verantwor-
tung lagen, für den schlechten Zustand
der Pflanzen verantwortlich. So gab er
dem dichten Stand der Pflanzen in den
Häusern, der Art der Heizung durch
gewöhnliche Öfen und fehlenden Mitteln
für den Ankauf von frischem Mist die
Schuld. Außerdem erhalte er zu wenig
Tagelöhner zur Behandlung und Pflege
der Pflanzen. Er plädierte für die Einrichtung einer Kanalheizung in einem der
beiden Glashäuser und für weitere „Circu-
lieröfen" in der Nähe der Fenster in den
beiden großen Orangeriegebäuden. Das
Oberhofmarschallamt leitete die Forderung nach dem Einbau von Kanalheizungen an die herzogliche Kammer weiter.
Der Einbau scheint jedoch nicht erfolgt

Nördliches Treib-
haus, Ansicht
von Südosten

zu sein, denn gut 20 Jahre später wurde dieses Problem erneut thematisiert.

1833 wurden vorerst ein Transportwagen und eine Verpflanzmaschine nach dem Vorbild der Geräte der Orangerie Belvedere in Weimar angefertigt, wofür von Baumeister Heß aus Weimar Zeichnungen und von Weimarer Handwerkern Kostenangebote eingeholt wurden. „Die Art und Weise, wie dermalen der Transport und das Umsetzen der Orangenbäume bewirkt wird, ist ebenso zeitraubend als mühselig. Der Transport geschieht auf einem Blockwagen, auf welchen die Bäume gehoben und von welchem sie ebenso wieder herabgenommen werden müssen; bey schweren Bäumen ist dies (...) nicht allein für die Bäume, sondern auch für die Menschen gefährlich."[22] Ein neues Vermehrungshaus wurde 1851 im Orangeriegarten vermutlich südlich des Lorbeerhauses errichtet. Im gleichen Jahr wurde über den Bau eines neuen Gewächshauses beziehungsweise ein Jahr später eines neuen Orangeriegebäudes, offenbar süd-

lich des Schlosses auf der Reitbahn, im heutigen Rosengarten, nachgedacht. Das Projekt wurde jedoch 1852 wieder zu den Akten gelegt, da der Herzog befahl, das „gegenwärtig von dem Obergärtner Eulefeld für [die] Zierde des Wintergartens benutzte obere Gewächshaus" wieder zur Überwinterung der Orangerie zu benutzen und stattdessen im Palaisgarten ein neues Haus als Wintergarten zu errichten.

1855 zeigten die immer wieder von den Hofgärtnern bemängelten Missstände in der Orangerie ihre Wirkung, und Hofgärtner Müller musste einen Besorgnis erregenden Zustand in der Orangerie melden. Eine Wurzelfäulnis drohte eine große Anzahl der Orangenbäumchen zu vernichten. Folgendes Bild ergab sich nach seinem Bericht: „Die Krankheit selbst hat sich bis jetzt bei Bäumen von den verschiedensten Alter, fast jeden Jahrganges der Versetzung, sowie aus jedem Gewächshause, wo sie ihren Winterstand haben, gezeigt. Ihr Character besteht darin, daß nicht etwa die feineren, an der

Wandung des Kastens anliegenden Wurzeln von der Fäulniß ergriffen sind, sondern daß meistentheils von einer Seite im Innern des Wurzelballens befindlichen starken Wurzeln vom Stamme aus mehr oder weniger zerstört sind dergestalt, daß sehr häufig die Wurzelenden noch vollkommen gesund erscheinen. Die Krankheit geht daher auch vorzugsweise nach innen, und hat bei vielen Bäumen die Pfahlwurzel, sowie die Rinde des Stammes unmittelbar über der Erde zerstört. In der großen Mehrzahl der Fälle hat sie Bäume ergriffen, welche bereits vor 4 bis 5 Jahren umgesetzt worden sind, je länger dies her ist, desto stärker ist in der Regel der Grad der Krankheit. So sind ihr zwei Spalierbäume, welche zuletzt im Jahr 1842 umgesetzt worden sind, gänzlich erlegen. Nur ausnahmsweise sind Bäume krank welche erst in den letzten Jahren einen neuen Kasten erhalten haben und bei deren Umsetzung sich noch keine Spuren der Krankheit zeigten. Hat nun die Krankheit schon einen solchen Grad erreicht, so zeigt sie sich äußerlich durch die gelbe Farbe und das Welksein der Blätter. In niederen Grade aber ist sie an den Blättern kaum sichtbar, sondern nur an dem schwankenden Stande des Stammes, wenn man den Baum schüttelt zu bemerken. Deshalb läßt sich aber auch ihre Ausdehnung noch keineswegs übersehen. Bis jetzt hat die Umsetzung 15 total erlegen und 48 Bäume von verschiedener Größe und Stärke als krank ergeben, welche theils mehr theils weniger von der Krankheit ergriffen waren."[23] Möglicherweise handelte es sich um einen Befall mit einem Pilz, der im 19. Jahrhundert in vielen Orangerien ganze Zitrusbestände hinraffte.[24] Ausführliche Überlegungen führten Hofgärtner Müller zu der Erkenntnis, dass der Etat für die Orangerie erhöht werden müsse, um das notwendige und regelmäßig wiederkehrende Umpflanzen durchführen zu können und genügend Kuhmist als Dünger angeschafft werden könne. Weiter plädierte er dafür, dass ein zusätzliches Orangeriegebäude, „ein Gewächshaus", zur Aufnahme der Pflanzen errichtet werde und die Kästen der Pflanzen neu konstruiert würden, um diese leichter von zwei Seiten öffnen zu können. Und noch einmal regte er den Einbau einer vorteilhafteren Kanalheizung an. Obergärtner Eulefeld wurde ebenfalls um Stellungnahme gebeten und unterstützte die Empfehlungen Müllers. Herzog Ernst von Sachsen-Coburg und Gotha beschloss am 27. Juli 1855, „in dieser mit besonderer Umsicht und Aufmerksamkeit zu behandelnden Angelegenheit" ein Gutachten eines auswärtigen Sachverständigen einzuholen, und schlug vor, den Generaldirektor der Königlich Preußischen Gärten, Peter Joseph Lenné aus Potsdam, damit zu beauftragen. Lenné, der wegen seines hartnäckigen rheumatischen Armleidens zur Kur in Wiesbaden weilte, empfahl seinen Hofgärtner Herrmann Morsch. Schon am 24. August 1852 übergab der preußische Königliche Hofgärtner Morsch aus Charlottenhof sein erstelltes Gutachten. Er kam zum gleichen Ergebnis wie Hofgärtner Müller und stellte diesen von eventuellen Vorwürfen einer unsachgemäßen Behandlung der Orangerie frei. Als Hauptursache benannte er „insbesondere die Lokalität zur Aufbewahrung der Orangerie im Winter namentlich der ungenügende Raum zur Aufstellung der Bäume und die höchst unzweckmäßige Heizung dieser Räume". Folgende Vorschläge zur schnellen und langfristigen Abhilfe des eingetretenen Schadens unterbreitete er:

„1.) Die gerechtfertigte Nothwendigkeit des Neubaus eines größeren Orangeriehauses an einer geeigneten Stelle mit zweckmäßigen Heizungen und andere erforderliche Einrichtungen.

2.) Zum bevorstehenden Winter und für den Fall daß der Neubau für die nächsten Jahre nicht in Ausführung kommt, ist es durchaus nothwendig von den erkrankten Bäumen diejenigen, welche der Pflege am meisten bedürfen, in ein besonderes Winterquartier, etwa in das nördlich gelegene große Glashaus unterzubringen und dort während des Winters einen Wärmegrad von 5 Grad Beauvor ununterbrochen zu unterhalten.

3.) In dem Orangeriehause, wo zur Zeit die Kunstausstellung statt findet [großes Orangenhaus; d. Vf.], müßen statt der daselbst befindlichen unzwecklichen Öfen, Heizkanäle, wenn auch der Raumerforderniß wegen, nur unterirdisch gebaut werden.

4.) Für die halb abgestorbenen Bäume welche wenig oder keine Blätter haben, muß im nächsten Frühjahr so bald die Häuser geräumt werden, ein Krankenquartier entweder in einem der Häuser oder an einem sonnigen Ort eingerichtet werden in welchem die Bäume in bretternen Verschlägen auf frischen Pferdemist, welcher mehrmals während des Sommers zu erneuern ist, zu stehen kommen.

5.) Sämtliche Orangenbäume müßten nothwendig im nächsten Frühjahr – sollte es die Lokalität erlauben schon in den Häusern im März und April, sonst gleich nach dem Herausbringen – in leichtere Erde verpflanzt werden, jedoch können viele derselben wieder in die vorhandenen Kästen gepflanzt werden, die neu erforderlichen sind schon im Winter zu beschaffen. Die Erdmischung muß zu gleichen Theilen aus gut verrotteter Lauberde und aus Heideerde bestehen, welcher noch ein Theil Sand und ein Theil zerbröckelter Holzkohle aus weichen Hölzern beizufügen ist.

6.) Die Bäume dürfen nie länger wie 5 Jahre unversetzt bleiben. Es fanden sich mehrere vor die gegen 10 Jahr und länger in denselben Kästen unverpflanzt stehen, daher auch die meisten Wurzelballen einen halben Fuß zu tief stehen, was künftig durchaus zu vermeiden ist. Eine gute Unterlage, bestehend aus Holzborke und [unleserlich; d. Vf.] der Holzkästen so wie das Ausschneiden der faulen Wurzel ist unerläßlich.

7.) Es müssen schon in diesem Spätherbst gegen 30 bis 40 Fuhren Laub

Orangeriegarten mit Blick auf Schloss Friedrichsthal, 1907

beschafft werden, damit für künftige Jahre ein genügendes Erdmagazin aus einer Lauberde zum Zweck der Orangerie vorhanden ist, auch die Anschaffung einiger Schachtruthen Kuhdünger ist nothwendig, die hieraus nach einigen Jahren zu gewinnende Erde dient zur Bekräftigung der Bäume und wird obiger Erdmischung als dann beigefügt.

8.) Für das Versetzen der Bäume im nächsten Frühjahr müssen nothwendig einige Fuhren lockere gut verrottete Lauberde, die sich in nicht genügender Quantität und Qualität vorfand, so wie auch noch Heideerde beschafft werden. Die dort vorgefundene letztere Erdart ist von sehr guter Beschaffenheit, der vorhandene Sand aber von keiner besonderen Güte und müßte dieser von der Anwendung noch einigemal gewaschen werden. Bei der bereits vorgerückten Jahreszeit wäre ein sofortiges Verpflanzen umso mehr nachtheilig gewesen da kein Vorrath von Kästen und derjenigen Erdarten, welche beim Verpflanzen nöthig gewesen, vorhanden sind."

Dem Gutachten Morschs wurde nun offenbar Glauben geschenkt, doch trotz der sofortigen Anweisung zur Umsetzung der Punkte 2 und 3 konnte die Realisierung vor dem witterungsbedingten Einräumen der Pflanzen Mitte September nicht mehr erfolgen. Dies lag an den langen Lieferfristen der für die Kanalabdeckung notwendigen Gussplatten. Auch für die Beschaffung der notwendigen

Rauchrohre der Kanäle hätten bis zu acht Wochen eingeplant werden müssen. Die Umsetzung wurde daraufhin für 1856 angeordnet. Für den Einbau der Kanalheizung in den großen Gebäuden wurden je 600 Taler veranschlagt. In den beiden Treib- oder Glashäusern war eine Heizung dieser Art offenbar bereits vorhanden. Gleichzeitig ließ der Herzog 1856 einen Kostenvoranschlag für den Neubau eines Warmhauses „in der Nähe des Wintergartens" im Palaisgarten in Gotha anfertigen. Die Kosten beliefen sich auf beinahe 3 000 Taler. Ob danach das nördliche Glashaus für das von Morsch empfohlene Winterquartier für die erkrankten Pflanzen geräumt wurde, bleibt ungewiss. Im Juni 1856 gab Hofgärtner Müller einen neuen Bericht zum Zustand der Pflanzen, in welchem er mitteilte, dass noch mehr Bäumchen betroffen waren, als im Jahr zuvor eingeschätzt. Mit Beginn des Frühjahres hatte er sogleich mit dem Umtopfen der kranken Exemplare begonnen, doch einige Pflanzen ließen sich nicht mehr retten. Besonders bedauerlich war der Verlust „einer der größten Bäume" der Sammlung. Zudem waren bei einem heftigen Gewittersturm viele der frisch versetzten Pflanzen aus ihren Kästen herausgedreht worden. Für den Sommer wurden Morsch zusätzliche Hilfskräfte zum Verpflanzen und Zurückschneiden der Kronen bewilligt.

Im Zusammenhang mit dieser Misere hatte man Müller ein Jahr zuvor befragt, ob nicht runde Kübel mit eisernen Reifen vorteilhafter für die Orangeriepflanzen wären. Er sprach sich für die weitere Benutzung der eckigen Kästen aus, da sie im Gebäude und im Garten einfacher waagerecht auszurichten und anzuheben seien. Der exakte waagerechte Stand der Bäumchen war für die gleichmäßige Verteilung des Gießwassers von Bedeutung. Außerdem waren die eckigen Kästen weit weniger windanfällig als die runden Kübel, die mit zwei zusätzlichen Holzstäben gesichert werden mussten. Die ersten Fotografien des Engländers Francis Bedford, die um 1858 vom Orangeriegarten aufgenommen wurden, zeigen die noch beachtliche Ausstattung des Gartens mit den Pflanzen in jenen eckigen Kästen, auf denen zur Zierde ein farbiger Spiegel aufgemalt war. Noch heute werden annähernd gleiche Kästen in der Orangerie von Belvedere in Weimar verwendet. Der Spiegel wird in Weimar in dem Farbton Bremergrün, ein Grün mit einem Anteil Blau, gehalten. Die Rasenflächen mit teils sternenförmigen Blumenbeeten wurden von den Kübelpflanzen flankiert. In dem breit angelegten Mittelweg der Hauptachse kamen offensichtlich nur Zitrusbäumchen zur Aufstellung. Dieser Weg führte zum Corps de logis des Friedrichsthaler Schlosses und wurde nur von dem kleinen Wasserbecken unterbrochen, das mit vier viertelkreisförmigen Beeten umgeben war. Der Chaussee zwischen dem Orangeriegarten und dem Friedrichsthaler Schloss wurde mit dieser ausgeklügelten Gestaltung die trennende Wirkung genommen und so ein übergreifender Gartenraum geschaffen. Der konsequente Bezug zwischen Orangeriegarten und Friedrichsthaler Schlossfassade wurde ursprünglich durch keine vertikalen Elemente, wie heute etwa die beiden Pyramideneichen, unterbrochen. Die Fassade der beiden großen Orangeriegebäude war in den Fensternischen in gleicher Höhe wie die Fenster berankt und übernahm damit die rahmende Funktion des Orangeriegartens. Gegenüber, vor der Rasenböschung mit der zweiläufigen Rampe, die zu den so genannten Anlagen sowie zum Schloss führt, konnten die hohen und schlanken Zypressen ihre volle Wirkung entfalten. Die Nebenwege dieser beiden westlichen Rasenkompartimente nahmen offenbar zahlreiche der dicht gereihten kleinen Topfpflanzen auf.

Das 1870 erstellte „Verzeichnis der hauptsaechlichsten Pflanzen in Herzoglicher Orangerie" listet 8 528 Topfpflanzen auf. Der Gesamtbestand schien sich durch die baulichen Verbesserungen wieder erholt zu haben, obgleich ein weiterer Rückgang gerade bei den großen und älteren Pflanzen verzeichnet wurde. So waren es noch knapp 380 Exemplare in Kästen und Kübeln im Vergleich zu gut 520 Stück im Jahr 1832. Dabei war beispielsweise die Anzahl der Orangenbäume von 306 auf

141 Stück zurückgegangen. Dennoch bildete diese Art nach wie vor den Hauptanteil der Sammlung der größeren Bäumchen. Die Anzahl der Zitruspflanzen in Töpfen war hingegen von 117 auf 180 Stück angestiegen. Eine Unmenge an Topfpflanzen wurde in Sandbeeten an bestimmten Plätzen eingesetzt. So wurden circa 900 Koniferen, wie zum Beispiel Cedrus-Arten (Zeder), Pinus-Arten (Kiefer) oder Juniperus (Wacholder), auf runden Sandbeeten am Lorbeerhaus oder etwa 400 Stück Neuholländerpflanzen (Exoten aus Australien) am so genannten Krüger'schen Haus eingegraben. Neben den weiteren üblichen Pflanzen einer Orangerie wurden außerdem eine 170 Stück starke Rhododendronsammlung und ein 900 Stück fassendes Azaleeninventar aufgelistet.[25]

Bis zum Ende des 19. Jahrhunderts erfolgten noch einige Umbauten, so etwa 1900 der Einbau einer Warmwasser-

Zentrales Rasenband im Orangeriegarten, Blick nach Osten

Orangeriegarten,
Luftaufnahme von
etwa 1938

heizung für die Gewächshäuser neben der Orangerie, oder kleinere Reparaturen. 1903 nahm der Schädlingsbefall der Lorbeerbäumchen überhand, sodass die Errichtung eines speziell zum Abwaschen der befallenen Pflanzen geeigneten Wasserbassins hinter dem nordwestlichen Glashaus beschlossen wurde.[26]

Zu Beginn des 20. Jahrhunderts wurde sowohl auf Postkarten als auch in Inventaren der weitere kontinuierliche Rückgang der Ausstattung des Gartens mit Kübelpflanzen deutlich. Kurz vor dem Ende der Monarchie gab es in der Zusammensetzung des Artenspektrums noch eine deutliche Verschiebung zu Pflanzen mit dekorativem und immergrünem Blattschmuck, wie beispielsweise Dracaenen, Yucca oder gar Efeu an Spalieren. Weiterhin wurde in der breiten Mittelpromenade ein längliches Rasenfeld mit Schmuckbeeten angelegt und auch die anderen Rasenkompartimente mit Beeten in Formen von Bändern oder ähnlichem ausgestattet. Damit konnte ein Teil der entstan-

denen Leere ausgeglichen werden. Der Brunnen zwischen den beiden Orangeriegebäuden wurde erneuert und dabei zierlicher gestaltet.

1930 wurde die „Deutsche Rosenschau" im Orangeriegarten durchgeführt, der Kübelpflanzenbestand hielt sich offenbar auf einem gleich bleibend niedrigen Niveau. Nach dem Zweiten Weltkrieg, in dem sowohl die Gebäude als auch der Garten stark beschädigt wurden, war die einstmals reiche und traditionelle Ausstattung der Orangerie völlig verschwunden. Das südliche Glas- bzw. Treibhaus war unwiederbringlich bis auf die Fundamente zerstört. 1953/54 wurde die nördliche Gebäudegruppe für die Nutzung als Stadtbibliothek wieder hergerichtet. Das südliche Lorbeerhaus nutzte man später als Café mit Außenbewirtschaftung südlich des Hauses. Schon in den achtziger Jahren des 20. Jahrhunderts konnten jedoch erste Bemühungen zur Rückgewinnung der historischen Nutzung durch die Wiederherstellung der ehemaligen Glasfassade des nördlichen Treibhauses durch das Institut für Denkmalpflege in Erfurt unternommen werden. Vor einigen Jahren hat die Stadt Gotha begonnen, den Kübelpflanzenbestand sukzessive wieder aufzubauen. In ihrem Auftrag wurde 1995 eine denkmalpflegerische Zielstellung zum Orangeriegarten entwickelt. In der Gestaltung lehnte man sich an den Zustand des frühen 20. Jahrhunderts an. Die ursprüngliche Nutzung der Gebäude als Überwinterungshäuser wurde nicht in Betracht gezogen.

Die Stiftung Thüringer Schlösser und Gärten bemüht sich nun, dieses einzigartige Gartenkunstwerk in Thüringen neben der großen Orangerie im Belvedere in Weimar wieder zu ihrer ursprünglichen Bedeutung zu verhelfen. Die Orangerie Gotha war weit über die Landesgrenzen hinaus bekannt und genoss „zeither den Ruf der ersten in Deutschland" zu sein. Mit den notwendigen Anstrengungen soll sich Gotha wieder in den Rang der großen Orangerien in Deutschland einreihen, wie etwa die Orangerien in Großsedlitz bei Dresden, die Orangerie im Burggarten, die wiederhergestellte Orangerie im Neuen Garten oder das erhaltene Orangerieschloss in Sanssouci in Potsdam, um nur einige Beispiele zu nennen.

Catrin Lorenz

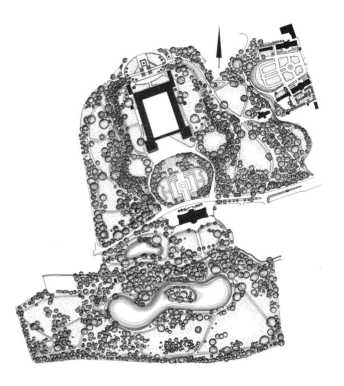

Lageplan

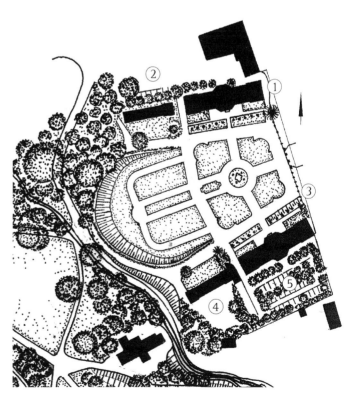

Lageplan, Ausschnitt

1 Nördliches Orangeriegebäude, ehemaliges „großes Orangenhaus", 1766 errichtet
2 Nördliches Treibhaus, auch „Glashaus" genannt, 1758/59 errichtet
3 Südliches Orangeriegebäude, ehemaliges „Lorbeerhaus", 1747–1751 errichtet
4 Ehemaliges südliches Treibhaus, auch „Glashaus", „Krüger'sches Haus" genannt
5 Ehemalige Hofgärtnerei

Sommerpalais Greiz

Die Orangerie am Sommerpalais Greiz – das Greizer Sommerpalais als Symbiose aus Villa und Orangerie

Das von 1769 bis 1779 entstandene Sommerpalais im Greizer Park trat bei seiner Errichtung unter Heinrich XI. Reuss ä. L. an die Stelle einer älteren Lustgartenanlage mit großem Orangeriebestand, die ihrerseits um 1715/17 entstanden war. Im Jahr 1768 bot der Anfall einer Erbschaft den Anlass zur Errichtung des neuen Sommerpalais und zur erheblichen Erweiterung der Gartenanlage. Zugleich sollte diese Erbschaft in letzter Konsequenz 1778 schließlich zur Erhebung des be-

günstigten Hauses Reuss Ältere Linie in den Reichsfürstenstand führen. 1768 starb nämlich die Untergreizer Linie aus, sodass deren Besitztümer an die Grafschaft Reuss-Obergreiz fielen und Heinrich XI. Untergreiz erbte.[27] Der Regent ließ also das Sommerpalais als Symbol für die Vereinigung aller Besitztümer der Herrschaft Reuss Ältere Linie errichten. Von besonderem Interesse ist auch das damals vor dem Sommerpalais entstandene Rasenparterre, das in seiner zurückhaltenden Mittelposition zwischen Parterre und Bowlinggreen die beabsichtigte Tendenz erkennen lässt, Park und umgebende Landschaft als Teil einer Gesamtgestaltung mit dem programmatischen Ansatz

Obergreizer
Lustgarten vor
1799

einer umfassenden Landesverschönerung zu verstehen. Diese Entwicklung fand dann im 19. Jahrhundert mit dem weiträumigen Landschaftspark infolge der Wiederherstellungsmaßnahmen nach dem großen Greizer Hochwasser von 1799 ihre Fortsetzung und Vollendung. Mit dem Sommerpalais entstand 1768 zugleich auch ein neuer Typus von Orangerie im Gartenbereich. Die exotischen Kübelpflanzen wurden nunmehr alleeförmig um das Rasenparterre gruppiert und rahmten so große Rasenflächen vor und hinter dem Palais. Darin kündigte sich ein Bedeutungswandel für die Orangerie an. Noch erschienen die Kübelbäume als Teil einer bewusst künstlich gestalteten Gartenanlage, doch als Teile einer Allee um das Rasenparterre erhielten sie eine deutliche Affinität zum natürlichen Umfeld, leisteten sie einen Beitrag zur landschaftlichen Integration des fürstlichen Palais in das fürstliche Territorium.

Auch das Gebäude des Greizer Sommerpalais besticht durch seine individuelle Gestaltung. Handelt es sich rein äußerlich um ein zeitgemäßes Palais, so ist es im Innern jedoch ein Orangeriebau und ein Wohnappartement zugleich. Vorbilder für die Gestaltung der architektonischen Grundform und der Fassaden sind wohl am ehesten in Frankreich zu suchen. Doch unverkennbar stand beim Greizer Sommerpalais weniger eine für Lustschlösser typische herrschaftliche Repräsentation im Vordergrund als vielmehr der besondere Gesichtspunkt, dass diese Anlage den Grafen und späteren Fürsten Reuss die Möglichkeit des Rückzugs aus dem öffentlichen Hofleben bieten sollte. Diese besondere Funktion hat der Herrscher auch in der Giebelinschrift niedergelegt, wobei „Maison de belle retraite" mit „Refugium" sicher nur unvollständig wiedergegeben erscheint. Wesentlich zutreffender wäre die Bezeichnung als

Seite 71:
Gartensaal des
Sommerpalais

Zufluchtsort oder Privatbereich des Fürsten. Schon die Erschließung der fürstlichen Räume scheint den Sonderstatus, der den fürstlichen Wohnräumen im Sommerpalais zukommt, zu spiegeln. Man betritt die Wohn- und Empfangsräume des Fürsten nicht etwa über ein repräsentatives Treppenhaus, sondern zunächst über den Orangeriesaal. Das Treppenhaus spielt eine erkennbar untergeordnete Rolle. Es findet seinen Platz im rückwärtigen Bereich des Gebäudes. Das gesamte Appartement des Hausherrn ist also dem Orangeriesaal nicht nur nachgeordnet, sondern ausschließlich über diesen betretbar. Die fürstliche Wohnung ist somit in das Pflanzenambiente integriert. Sie wurde zur heimlichen Welt in der Orangerie. Nicht die Orangerie ist hier das Attribut des Fürsten, sondern der Fürst macht sich zum Bestandteil des lebendigen Mikrokosmos der Orangerie. Das Besondere dieser Greizer Orangerie ist weniger die Welt der allegorischen Bezüge, die eine Orangerie bereithält, um der höfischen und herrschaftlichen Repräsentation des Fürsten zu dienen, als vielmehr ein Bedeutungszusammenhang, der sie zum Ambiente des persönlichen, ja

geradezu privaten Lebensbereichs des Herrschers macht. Das Motto dieses Sommerpalais „Maison de belle retraite" unterstreicht diese außergewöhnliche und zugleich individuelle Funktion. Im Mittelpunkt der Anlage steht zwar der Fürst selbst, der sich hier aber als Teil der Schöpfung und umgebenden Natur betrachtet. Der Fürst geriert sich aber weniger als regierender Herrscher, denn als Naturfreund und Philosoph gleichermaßen, eben weil ein guter Philosoph auch ein guter Herrscher zu sein verspricht. Der Fürst schuf sich hier ein Refugium, das an den Rückzug eines Francesco Petrarca aus dem Getriebe der Alltagswelt erinnert oder an die Motivationen der Villeggiatura, jener Villenkultur auf der venezianischen Terraferma, die von Palladio und Scamozzi in weit verbreiteten Traktaten publik gemacht wurde. In Kenntnis dieses wiederbelebten geistigen Hintergrunds erscheint es kaum verwunderlich, im Greizer Sommerpalais architektonische Assoziationen an die palladianische Villa und ihr geistiges Umfeld zu finden.[28] War doch der Bauherr des Greizer Sommerpalais, Fürst Heinrich XI., ein hochgeistig veranlagter Mensch mit humanistischer Bildung und ein Freund der Bücher, der sein besonderes Amüsement in der Zurückgezogenheit seines Sommerpalais und in den Freuden der Natur fand. Das Sommerpalais scheint hierfür maßgeschneidert. Zeigt sich das Sommerpalais Greiz in seiner Hauptfassade nach Süden vornehmlich als Palais im französischen Stil, so weckt seine auf den heutigen Hauptteil des Parks ausgerichtete Rückseite Assoziationen an Villen des Veneto. Dennoch ist als Besonderheit zu bemerken: Der Bezug auf die Villa im palladianischen Sinne bleibt beim Sommerpalais in Greiz auf den Grad einer Assoziation beschränkt. Das Greizer Sommerpalais wird nicht zu einer Villa im eigentlichen, im palladianischen Sinne, für die das Element der „Agricultura" ja ein unerlässlicher Bestandteil wäre. Mit der Erweckung von Assoziationen an die Geisteswelt der Villa wird eine Bezugnahme also nur in dem Grade verwirklicht, als es zu einer nachvollziehbaren

Abkehr vom älteren Leitbild des höfisch-repräsentativen Lustschlosses erforderlich erscheint. Entstanden ist mit dem Sommerpalais in Greiz also nicht sogleich eine Villa im klassischen Sinne, sondern eher eine „villa suburbana", die trotz des Fehlens agrarischer Komponenten ganz bewusst geistige Bezüge zur Welt des Humanismus und der „Villeggiatura" herstellt.

Helmut-Eberhard Paulus

Die Orangerie in der Parkgärtnerei des Greizer Parks

Neben der Orangerie im südlichen Flügel des Vorgängerbaus des Sommerpalais existierte möglicherweise schon seit dem ersten Viertel des 18. Jahrhunderts ein weiteres Glashaus, dessen Standort sich bis heute nicht genau identifizieren lässt. Denn 1737 bat der Hof- und Kunstgärtner Tobias Gebhard um den Bau einer neuen „Treibhütte", da die zu diesem Zeitpunkt schon vorhandene baufällig war. Neben den in der Orangerie zu überwinternden Kalthauspflanzen war also schon eine Reihe wärmebedürftigerer Pflanzen vorhanden. Gebhard listet im Zusammenhang mit dem Neubau der „Treibhütte" zum Beispiel eine Banane, Ananaspflanzen, Kaffeebäumchen und verschiedene Kaktusarten auf. Mit dem Bau des neuen Treibhauses wurde noch im gleichen Jahr begonnen.[29] Aus dem umfangreichen Bestand der Kalthauspflanzen erregte 1742 eine der beiden Agaven americana als erstes blühendes Exemplar ihrer Art im Vogtland Aufsehen. „Greiz im Voigtlande, den 20. Jul. 1742. Nachdem allhier in dem Hoch-Gräfl. Reuß-Plauischen Lust-Garten zu Ober-Greitz eine durch 28. Jahr erwachsene Aloe Americana major, so von einer besondern Grösse, und deren Blätter an der Zahl über 100 Stück, in der Circumferenz aber 26 $^1/_2$ Leipziger Ellen betragen, anheuer dergestalt zu einer bevorstehenden prächtigen und herrlichen Blüte sich einzurichten angefangen, dass selbe den 1. Jul. dieses Jahres den Stengel zum allerersten Trieb gebracht, welcher bereits auch, bis heutigen dato,

so wohl zu einer Dicke von 1 $^1/_4$ tel Leipziger Ellen, als auch zu einem ungemein geraden Ausbruch in die Höhe, über 6, dergleichen Ellen, in gantz freyer Lufft und sonder eigenen Kunst-Trieb, verwundernswürdig gediehen; Als man hat ein solches hierdurch um so mehr bekannt machen wollen, da dieses die allererste Aloe im Vogtlande und dasiger Gegend ist, welche effloresciret, und die nechst dem wenn sie zu ihrer Vollkommenheit gebracht worden, welches ohngefehr in Zeit von 6. 7. bis 8. Wochen zu hoffen stehet, allem Vermuthen nach, an Höhe und Schönheit vielen in Teutschland berühmtest gewordenen sich aequipariren möchte. Solche ist, nechst göttlicher Hülffe, unter Pflege und Besorgung des hiesigen Hoch-Gräfl. Reuß-Plauischen Hof- und Kunst-Gärtners Herrn Tobias Gebhard in die 26. Jahr beobachtet worden, und zu dem jetzigen Stand gekommen."[30] Ein Gemälde hielt die Sensation fest, jedoch nicht in Originalgröße, wie ursprünglich geplant, da ein entsprechender Ort zum Aufhängen des Bildes fehlte, sondern nur halb so groß. Die Agave (*agave americana*) kam in der zweiten Hälfte des 16. Jahrhunderts aus Spanien in das nördliche Mitteleuropa. Erste Exemplare waren 1583 in Stuttgart und 1588 in Nürnberg im deutschsprachigen Raum zu finden. Die erste Agavenblüte in Deutschland zeigte sich 1626 in Ansbach.[31]

Mit der Erhebung Heinrich XI. in den Reichsfürstenstand 1778 wurde der Orangeriesaal im Erdgeschoss des Sommerpalais wahrscheinlich nur noch als repräsentativer Saal für Feste und Veranstaltungen genutzt. „Das Fürstliche Palais ist für jeden Fremden gewiß sehenswert. Der schöne, große jetzt sehr prächtig ausgeschmückte Saal, war ehedessen ein Behältniß für Wintergewächse, seit ohngefähr 20 Jahren aber haben Sr. Hochfürstl. Durchlaucht diesen Saal so prächtig vorrichten lassen (...)"[32], las man im „Greizer Intelligentblatt" am 31. Mai 1799. So wurde spätestens ab 1779 ein neues Orangeriegebäude für die recht umfangreiche Kübelpflanzensammlung notwendig. Auf dem Stadtplan von 1783 ist das

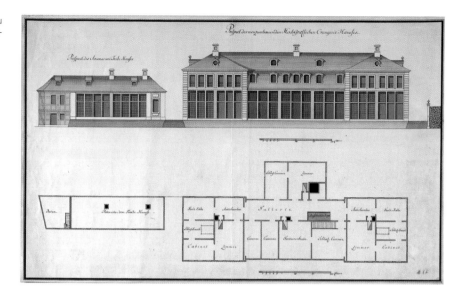

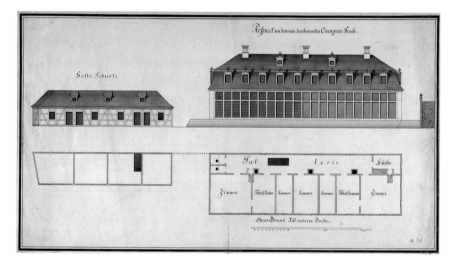

dann errichtete Gebäude am südöstlichen Rand außerhalb des Gartens zum ersten Mal verzeichnet. Auf dem „Prospect von Sommerpalais und Obergreizer Lustgarten", der um 1790 entstanden ist, lässt sich die große Orangerie mit Walmdach am Rand des Gartens ausmachen. Es handelte sich offenbar um einen schlichten Zweckbau, der aufgrund seiner Lage dem Garten seine Rückseite zukehrte und dessen Schauseite nach Süden ausgerichtet war. Insgesamt stand hier eine bedeutende Fläche zur Überwinterung zur Verfügung. Der Platzbedarf zur Errichtung

eines weiteren Orangeriegebäudes war möglicherweise auch schon vor dem Auszug der Orangerie aus dem Sommerpalais gegeben. In der Staatlichen Bücher- und Kupferstichsammlung Greiz werden zwei Entwürfe zu einer neu zu erbauenden Orangerie aufbewahrt, die in die Mitte des 18. Jahrhunderts zu datieren sind. Details im Grundriss der umgebenden Gartengestaltung lassen vermuten, dass es sich um einen Platz nördlich des 1745 bestehenden Lustgartens mit dem Vorgängerbau des Sommerpalais handeln könnte. Der geplante schlichte, klassizistisch anmutende Baustil ähnlich dem des Sommer- palais lässt die Entwürfe aber eher in dessen Entstehungszeit um 1769 rücken. Damit könnten hier andere Varianten zur Planung der Orangerie vorliegen. Interessant ist, dass, in einem der beiden Entwürfe der Orangerie ein „Ananas- und Treibehaus" zugeordnet wurde, während im anderen nur ein schlichter, in Fachwerk errichteter Holzschuppen geplant war. Das Ananas- und Treibhaus war allerdings nicht in der üblichen Bauweise, etwa als Anlehngewächshaus mit einem Dach aus Glas, mit Lohbeeten oder ähnlichem konzipiert, sondern glich eher einer Orangerie in kleinerem Maßstab. Beide Orangeriegebäude, unterschiedlich groß geplant, sollten von einem Heizgang oder einer so genannten „Gallerie" hinter dem großen und durchgängigen Pflanzensaal mittels dreier Öfen beheizt werden.

Ende des 18. Jahrhunderts war ein vorläufiger Höhepunkt der Ausstattung des Gartens mit Orangeriepflanzen erreicht worden. Der schon erwähnte „Prospect" des Gartens um 1790 zeigt die eindrucksvolle Anzahl und Fülle an Pflanzen. Meist kugelförmig geschnittene Hochstämme in blau-weiß gestrichenen Kästen säumen in regelmäßigen Abständen doppelreihig Rasenflächen oder Wege. Die Mitte der Südfassade des Sommerpalais mit dem Zugang zum Gartensaal wurde durch in der Höhe sanft ansteigende Pflanzen akzentuiert. Leider ist aus dieser Zeit kein Inventar der Arten vorhanden, das die Entwicklung der Zusammensetzung des Bestandes seit dem Inventar von 1724 hätte nachvollziehbar werden lassen.

Der entscheidende Einschnitt dieser Entwicklung geschah 1799 durch ein Hochwasser der Weißen Elster, das sowohl den Garten verwüstete, als auch in der Orangerie Schaden angerichtet haben dürfte. Hinzu kam, dass 1800 Heinrich XI. starb und mit Fürst Heinrich XIII. Reuß ä. L. ein neuer Abschnitt in der Gestaltung des Greizer Parks begann. Landschaftliche Gestaltungstendenzen hielten Einzug, bei denen regelmäßige, architektonisch ausgerichtete Reihen streng geschnittener Orangeriepflanzen in der bisher vorhandenen Fülle nicht mehr gewünscht waren.

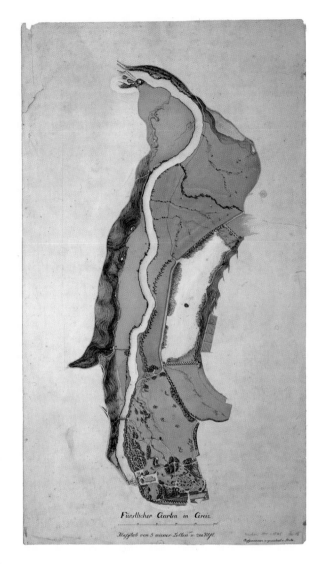

Fürstlicher Garten in Greiz.

Maßstab von 5 wiener Zollen = 200 Wfl.

So genannter „Laxenburger Plan", 1828

Schon im Jahr 1800 wurde über eine Zeitungsannonce der Verkauf von Pflanzen angestrebt.[33] Holzarchitekturen, wie die so genannte „Luftbrücke" über die Weiße Elster oder eine Schaukel, wurden nun im Winter in einem Teil der Orangerie eingelagert, die daraufhin in den Plänen der nächsten Jahrzehnte irreführend als „Baumagazin" bezeichnet wurde.[34] Erst knapp 20 Jahre später wurden wieder zaghafte Neuanschaffungen von Zitrus-Arten, Hortensien, Kamelien oder Feigen getätigt und Reparaturen in der Orangerie ausgeführt. 1835 wurde im östlichen Teil des

Gebäudes ein Theater mit 250 Sitzplätzen eingebaut und damit das Gebäude in drei Teile, das Theater, das Baumagazin und die Orangerie unterteilt. Mit weiteren Pflanzenkäufen in den folgenden Jahren wurde es 1854 notwendig, den Bereich der Orangerie, jetzt als Gewächshaus bezeichnet, erneut zu erweitern. In der Zwischenzeit waren in dem Gebäude noch eine Scheune und die „Rathswaage" eingerichtet worden. Der Platz für die Überwinterung der Pflanzen wurde zu klein, die Feuerungsanlage mit ihren Wärmekanälen gab zu wenig Wärme ab, und der

Fußboden lag nicht erhaben über dem anstehenden Terrain. Im April 1856 begannen die Umbauarbeiten. Das Gewächshaus wurde bis zur Waage vergrößert, der Fußboden erhöht und der Schornstein sowie die Feuerungsanlage neu konstruiert. Außerdem sollte der Hofgärtner dort eine Wohnung erhalten, die über der Waage eingerichtet wurde. Zu dieser Zeit war auch ein Warmhaus vorhanden, das offenbar in der Nähe der Orangerie stand. Dieses Warmhaus musste 1855 aufgrund seines desolaten Zustands vollständig neu errichtet werden.[35] Das Umfeld der

Orangerie hatte sich seit der Errichtung des Gebäudes von „Bürgergärten" – Land zur Selbstversorgung der Bewohner – zur Hofgärtnerei für den Greizer Park entwickelt. Schon im „Laxenburger Plan" von 1828 erscheint ein kleinerer Bau parallel zur Orangerie, vermutlich ein Gewächs- oder Warmhaus. Zahlreiche Mistbeet- und Treibkästen bei der Orangerie, die ständig repariert werden mussten, dienten sicherlich neben der Anzucht von Gemüse oder Obst zur Bestückung der vielfältigen Strauch- und Blumengruppen in der entstehenden landschaftlichen Parkanlage.

Mit der Regierungsübernahme durch Heinrich XXII. im Jahr 1867 begann für den Greizer Park der bedeutendste Abschnitt seiner Geschichte. Es kam zur völligen Umgestaltung und Vergrößerung des Greizer Parks durch einen Entwurf von Carl Eduard Petzold ab 1873. Durch die Führung einer Eisenbahnstrecke am Rande des Parks war dieser neue Entwurf notwendig geworden und konnte, eingeschlossen der daraus resultierenden Umgestaltungsmaßnahmen, mit der Entschädigungszahlung finanziert werden. Der in der Elsteraue liegende Binsenteich wurde

zu einem großen Parksee mit malerischen Ufern und drei kleineren Inseln umgestaltet und der Park bis um den See herumgeführt. Großzügige Wegeschwünge und geschickt eingesetzte Baum- und Strauchgruppen auf den Wiesen kennzeichnen Petzolds Entwurf. Interessanterweise eliminierte er die Orangerie und Gärtnerei und bezog die Flächen in die Parkgestaltung ein. An dieser Stelle sah er den neuen Hauptzugang zum Park vor. Der bereits ursprünglich bestehende Eingang am so genannten „Schwarzen Tor" in der heutigen Parkgasse, der in Verbindung mit einer Auffahrt zum Oberen Schloss Greiz steht, sollte mit einer dichten Saumpflanzung aus Gehölzen geschlossen werden. Die seit Beginn des 19. Jahrhunderts angelegte Allee, die am Ufer der Weißen Elster zum Sommerpalais führt, sollte, als breite Zufahrt bis an die Gasse verlängert, den bisher schmalen „Hintereingang" ersetzen. Die Planung Petzolds wurde von seinem Nachfolger, Rudolph Reinecken, der für die Umsetzung ab 1873 als Hofgärtner eingestellt wurde, allerdings nicht konsequent durchgeführt. Er entwickelte eigene Vorstellungen zur Gestaltung, und sicher haben auch finan-

zielle Grenzen des Fürstenhauses zur Einschränkung des Gesamtvorhabens beigetragen. Reinecken hatte nach Erlernen des Gärtnerberufs in der Gräflich-Veltheimischen Gärtnerei in Harbke, Sachsen-Anhalt, seine Ausbildung in der Königlichen Gärtnerlehranstalt Potsdam in den Bereichen Zierpflanzenbau, Baumschule, Treiberei und bildender Gartenkunst fortgesetzt und mit „vorzüglich gut" abgeschnitten.[36]

Unter seiner Federführung wurde auch der Blumengarten am Sommerpalais neu gestaltet. Ein zweietagiger Blumenkorb aus Metallflechtwerk in einem zentral angeordneten Beet und weitere Beete mit Gruppen von eingelassenen Kübelpflanzen wie Palmen oder Bananen zierten den intensiv gepflegten Rasen mit seiner sanften und feinen Bodenmodellierung. Fotografien zeigen, dass die Fassade des Sommerpalais mit kugel- und in späteren Jahren mit säulenförmigen Kübelpflanzen geschmückt wurde. Im Unterschied zu der streng symmetrischen Reihung im geometrischen Lustgarten wurden nun üppige Beete aus Kübelpflanzen, mit möglichst wenigen architektonischen Elementen, wie beispielsweise die Kübel, gestaltet. Es

sollte ein möglichst natürlicher Eindruck entstehen. Die großen Kübel wurden daher hinter einem dichten Saum im Boden eingegrabener, kleinerer Topfpflanzen versteckt.[37] Die großen Pflanzen rhythmisierten zwar die Fassade, der Gesamteindruck der Komposition milderte aber die Architektonik des Gebäudes ab und band sie so in den Blumengarten ein. Für die Unterbringung der üppigen Ausstattung des Blumengartens wurde auf Betreiben Reineckens ab 1877 die Neuerrichtung eines Warmhauses angestrebt. Der Glas-Eisen-Bau, der fast mittig im rechten Winkel zur Orangerie angeordnet wurde, konnte 1879 mit dem Einbau der Heizung und der Wasserleitung abgeschlossen werden. Er war etwa 8,5 Meter tief, 11,3 Meter lang und in der Mitte 5,4 Meter hoch.[38] In diesen Jahren erfolgten umfangreiche Pflanzenlieferungen aus ganz Deutschland. Aus der Handelsgärtnerei Schmalfuß in Gera kamen 20 weiß blühende Kamelien (*camellia alba plena*), aus der Kunst- und Handelsgärtnerei Kunze in Altenburg wurden zehn Dracaenen in fünf verschiedenen Sorten geliefert, und aus der Gräflich Thun'schen Schlossgarten-Verwaltung aus Tetschen an der Elbe wurden Orchideen eingekauft. 1880 erfolgten nochmals Lieferungen von Fuchsien und Callistemon (Flaschenputzerbäumchen) aus Hamburg.[39] Die Orangerie war trotz der Umbauarbeiten von 1854 bis 1856 rund 30 Jahre später in einem schlechten baulichen Zustand. Betroffen waren hauptsächlich die

Fensterrahmen aus Holz und die Dachkonstruktion. Aus dieser Zeit stammen auch Überlegungen, die Orangerie weiter in den Park hinein zu verschieben, um dem Park einen „würdigeren Eingang" zu geben.[40] Die Pläne wurden aus Kostengründen jedoch bald aufgegeben. Stattdessen erfolgte in der Orangerie die Stützung der Decke durch eiserne Schienen und Säulen, die Erneuerung der Fenster und die Verputzung der Fassade. Der Fußboden wurde mit Ziegel gepflastert und „Roulaus" aus Leinen zur Schattierung der Fenster angebracht. Bis 1900 wurde noch einmal eine wahre Flut von Pflanzen angeschafft. Oftmals waren es zahlreiche Dracaenen, Azaleen, Kamelien, Schraubenbaum (*pandanus*) und viele Exemplare an Palmen, wie die Dattelpalme (*phoenix canariensis*) oder Zwergpalmen (*chamerops*). Nicht nur der Blumengarten, sondern auch das unmittelbar der Orangerie vorgelagerte Terrain wurden üppig und repräsentativ durch teppichbeetartige Bordüren und Blumenbeete gestaltet. Die Ausstattung des Gartens mit exotischen Orangeriepflanzen erreichte am Ende des 19. Jahrhunderts zum zweiten Mal einen Höhepunkt, der Niedergang ließ jedoch nicht lange auf sich warten. 1902 starb Heinrich der XXII. und mit ihm die Linie der Fürsten von Reuß ältere Linie. Die jüngere Linie übernahm von nun an die Regierungsgeschäfte. Nach der Abdankung des Fürstenhauses Reuß 1918 ging der ehemalige fürstliche Besitz wie auch der Park an das Land

Thüringen. Schon ein Jahr später musste Parkdirektor Reinecken sich aufgrund
der wirtschaftlich schwierigen Lage von
den ersten Pflanzen trennen. Zwölf Palmen und 47 Kalthauspflanzen standen
zum Verkauf bereit. Der bauliche Zustand der Orangerie hatte sich schon
während des Ersten Weltkriegs zusehends
verschlechtert. Eine Reparatur des vom
Schwamm zerfressenen Dachs wurde als
nicht mehr lohnenswert eingestuft, die
aufwendige Überwinterung der Kübelpflanzen war in der neuen Situation zu
kostenintensiv. Daher tauchten ab 1927
die ersten Überlegungen zum Abriss bzw.
Umbau des Gebäudes auf. 1934 wurde
dieser Plan umgesetzt und die Orangerie
zu zwei Dritteln bis auf die Nordwand
mit dem dort befindlichen Heizgang abgetragen und mit geringerer Tiefe und
Höhe ein Gebäude mit einem angelehnten
Warmhaus aufgebaut. Im Gebäude befanden sich fortan Arbeitsräume. Auch das
Warmhaus vor der Orangerie wurde abge-

rissen, wann genau, ist bisher unbekannt.
Als Reminiszenz des alten Orangeriegebäudes erhielt man drei der alten Fensterachsen, die aber mit dem Einbau von
Wohnungen in den sechziger Jahren des
20. Jahrhunderts im Obergeschoss dort
entfernt wurden. Erhalten haben sich
drei Fensterachsen im Erdgeschoss, wobei
eine zur Tür umgebaut wurde. In dem
dahinter befindlichen, viel zu kleinen
Raum, der in der alten Orangerie als
Aufenthalts- und Arbeitsraum diente,
werden heute einige wenige, seit den
neunziger Jahren wieder beschaffte
Pflanzen überwintert, die den Blumengarten zieren. Auch die Nordwand, der
Heizgang und ein Teil des alten Fußbo-
dens sind noch erhalten. Die Jahrhunder-
te andauernde Tradition, die nie ganz
verloren ging, wird heute fortgeführt. So
wird seit einigen Jahrzehnten das Gebäude immer noch als „Parkgewächshaus"
bezeichnet.

Catrin Lorenz

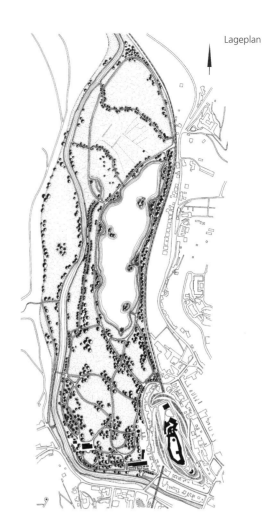

Lageplan, Ausschnitt

1 Sommerpalais
2 Blumengarten
3 Ehemalige Orangerie, heute so genanntes
  „Parkgewächshaus" mit Parkgärtnerei
4 Parkgasse
5 Eingang Schwarzes Tor
6 Oberes Schloss

Schloss Molsdorf

Seite 82:
Agapanthus und
Granatapfelbaum
südlich des
Schlosses

Orangerieaspekte in Schloss Molsdorf

Die Entstehungsgeschichte des Molsdorfer Schlossparks lässt sich bis in das Jahr
1716 zurückverfolgen. Der aus Hannover
stammende Legationsrat und Landdrost
Otto Christoph Schultze hatte 1713 das
hier vorhandene Wasserschloss gekauft
und unmittelbar danach erste Umbauarbeiten, aber auch erste gartengestal-
terische Arbeiten veranlasst. In diesem
Zusammenhang entstand bereits eine
„Treibhausanlage", deren Standort und
auch Bauweise jedoch nicht genannt werden. Ebenso wenig geben die Akten Auskunft über die darin vorhandenen Pflanzen. 1723 heißt es nur, dass der Gärtner
Johann Wilhelm Köllner verschiedene
Pflanzen erhalten habe, von denen aber
nur vier Jasmin, zwei Passionsblumen,
zwei Oleander, zwei Pimpinella und zwei
„Amomia" genannt werden. Mit Amomia
war vermutlich *amomum plinii*, der
Korallenstrauch, gemeint. Die heutige botanische Bezeichnung ist *solanum pseu-
docapsicum*. Nach dem Tod Schultzes

1723 und seiner Witwe 1733 kam Molsdorf zunächst in den Besitz des Prinzen
Wilhelm von Sachsen-Gotha-Altenburg,
der das Anwesen aber bereits 1734 an
Gustav Adolph von Gotter verkaufte.
Gotter, bürgerlicher Herkunft, war 1724
durch Kaiser Karl VI. in den Reichsgra-
fenstand erhoben worden und hatte Eingang in die vornehmsten und einfluss-
reichsten Gesellschaftskreise gefunden. Er
besaß Molsdorf nur 15 Jahre. In dieser
Zeit entstand nicht nur ein Landsitz mit
Gutsbetrieb, der seinem adeligen Stand
entsprach, sondern untrennbar damit verbunden eine repräsentative Gartenanlage,
die zusammen mit dem Schloss für ihn
als Schauplatz barocker Festkultur fungierte. Eigenartigerweise finden sich in
den Akten keine Hinweise auf eine Orangerie, weder hinsichtlich ihrer Baulichkei-
ten noch hinsichtlich ihres Pflanzenbestands. Lediglich in einem zwischen
Gotter und dem Gärtner Johann Jacob
Hartmann abgeschlossenen Arbeitsver-
trag aus dem Jahr 1728 wird dieser ver-
pflichtet, „(...) die sämtlichen Lustgärten,

Schloss Molsdorf,
Blick auf die
Südfassade

wie solche einmahl angelegt sind, nebst der orangerie in völligem guten stande zu erhalten (...)".[41]

1749 verkaufte Gotter Molsdorf an den württembergischen Erb-Oberstallmeister Freiherr Röder von Schwende, jedoch unter der Bedingung, das Anwesen bis zu seinem Tod frei nutzen zu dürfen. Es kam jedoch bald zu Meinungsverschiedenheiten, die dazu führten, dass Gotter 1757 Molsdorf verließ. Im Zusammenhang mit den Auseinandersetzungsverhandlungen zwischen Gotter und Röder wurde 1756 eine „Specifikation der anjetzo befindl. Orangerie in des Herrn Graf Gotter und Freiherrl. Röderl. Gartens zu Molsdorf" aufgestellt.[42] Danach befanden sich 167 Kübelpflanzen und 66 Pflanzen in Töpfen, darunter 109 Orangen, vier Citronen, 55 Lorbeer (ohne Angabe der Art), ein Kirschlorbeer, fünf Oliven, acht Granatäpfel als Hochstamm sowie Myrten, Buxus, Oleander, Feigen, Jasmin. 1758 wurden 312 Pflanzen erfasst, darunter 150 zum Teil veredelte Orangen in Kübeln und Töpfen, sowie Lorbeer, Myrten, Buxus, Granatäpfel, Kirschlorbeer, Feigen.[43] Auch hier gibt es keine Hinweise auf die Größe und Bauweise der Glashäuser oder ihren Standort, der erst Lageplänen des 19. Jahrhunderts zu entnehmen ist. Sie befanden sich in dem heute als Wirtschaftshof genutzten Bereich an der nördlichen Grundstücksgrenze unterhalb der Kirche bzw. nördlich der vom Schloss zum Pavillon führenden Treppe.

1762 fiel das Anwesen Molsdorf an Herzog Friedrich III. von Sachsen-Gotha-Altenburg. Damit verloren Schloss und Park ihre Bedeutung als repräsentativer Landsitz und waren von diesem Zeitpunkt an nur noch eine von mehreren herrschaftlichen Besitzungen im Herzogtum. Als der langjährige Hofgärtner Christian Heinrich Wehmeyer 1772 nach Gotha versetzt wurde, erfolgte eine nächste Inventur des Pflanzenbestands, die 127 Pomeranzen, Orangen, Pampelmusen, Limonen und „Pomum Adami", den Adamsapfel, umfasste. Der Adamsapfel war eine weniger wärmeempfindliche Pflanze und wurde gern in den Orangerien kultiviert, obwohl seine großen, rosenfarbigen Blüten unangenehm rochen. Die Früchte waren von zunächst schwarzgrüner Farbe, später gelb und ungenießbar. Sie sind, wie Johann Christoph Volckamer in seiner 1708 erschienenen botanischen Publikation „Nürnbergische Hesperides" schrieb, rund und „(...) obenher in etwas eingedruckt / als hätte man einen Biß mit den Zähnen darein gethan / davon sie Adams-Aepfel genennet werden / gleich als ob der Biß unseres ersten Stamm-Vatters des Adams in die verbottner Frucht / dadurch angedeutet würde". Darüber hinaus werden 69 Kirschlorbeer und Steinlorbeer (*viburnum tinus*), zehn Granatäpfel und 243 weitere Pflanzen, wie Oleander, Oliven, Zedern, Mandel, Buchs, Jasmin, Geranien und Levkojen aufgeführt. Letztere waren natürlich keine Orangeriepflanzen, wurden aber kultiviert, um die Wohnräume im Schloss dekorieren zu können. In dieser Liste wird auch Gleditsia aufgeführt, ohne den Artnamen zu nennen. Gleditsia ist der Lederhülsenbaum, dessen unterschiedliche Arten aus Nordamerika, Asien und dem tropischen Afrika eingeführt wurden. Da man zu wenig Erfahrung mit solchen Pflanzen unter mitteleuropäischen Klimabedingungen hatte, wurden diese zunächst auch noch in Häusern überwintert.

Nach den Berichten des in dieser Zeit in Molsdorf tätigen Hofgärtners Johann Christoph Krieger zu urteilen, befand sich der Pflanzenbestand 1782 in einem bedenklichen Zustand, den er auf die „gar sehr schlechten" Gewächshäuser zurückführte. In diesem Zusammenhang machte er auch noch einmal, wie schon früher, darauf aufmerksam, dass er dringend neue Kübel benötige, da eine Umpflanzung bestimmter Pflanzen unaufschiebbar sei, wenn man die Orangerie erhalten wolle. Außerdem würde es „(...) auch kein ansehen haben, wann auf dem Platz oder Sommer Stand im Garten Kübel und Töpffe, in den Linien durch einander gestellet würden".[44]

Nach Kriegers Tod wurde 1788 Johann Rudolph Eyserbeck, Sohn des bekannten Dessau-Wörlitzer Gärtners Johann Friedrich Eyserbeck, als Hofgärtner in Mols-

Francis Bedford, Zitruspflanzen in Kübeln vor der Südfassade des Schlosses, um 1858

dorf eingestellt. Seinen Vorschlägen zur Veränderung des Parterrebereichs vor der Gartenfront des Schlossgebäudes war zugestimmt worden, und so entstand eine geschlossene Rasenfläche mit weniger streng geformten Beeten. Am südlichen Ende waren zwei Rondells eingeordnet, die er, so seine Anfrage bei der Herzoglichen Kammer, „(...) mit der Orangerie verzieren [könnte], die vormahls hinter dem Schloße aus den Augen gestanden hat: es würde vielleicht einen guten Gegenstand vom Schloße machen".[45] Mit diesem Platz „hinter dem Schloße" waren offensichtlich Standorte vor den Seitenflügeln des Schlossgebäudes gemeint, die von Eyserbeck völlig zu Recht wegen der wenig günstigen Lichtverhältnisse als unzureichend angesehen wurden. Herzog Ernst II. stimmte den Eyserbeck'schen Vorschlägen zu.

1826 erfolgte eine Neuordnung der Sachsen-Ernestinischen Länder, in deren Folge das Herzogtum Sachsen-Coburg und

Gotha entstand. Zwei Jahre später, 1828, wurde im Auftrag des nun in Coburg residierenden Herzogs Ernst I. eine „(...) Untersuchung des Zustands der Herrschaftlichen Gärten im Fürstenthum Gotha (...)" durchgeführt, die vor allem zum Ziel hatte, Vorschläge zur Kostenreduzierung zu unterbreiten. In diesem Zusammenhang stand auch die Stilllegung der Gewächshäuser in Molsdorf zur Diskussion. Der vorhandene Pflanzenbestand sollte nun nach einer Verfügung des Herzogs in den Gewächshäusern des Schlossgartens in Ichtershausen bei Arnstadt überwintert und im Frühjahr dann wieder zur Aufstellung nach Molsdorf transportiert werden. In einer Stellungnahme gab Eyserbeck, inzwischen Obergärtner in Gotha, aber zu bedenken, dass die Transporte der Kübelpflanzen nach und von Ichtershausen im Vergleich zum Unterhalt der Gewächshäuser teurer seien. Außerdem wäre dann ein Gewächshausneubau in Ichtershausen erforderlich. Unabhängig von dieser fachli-

Kübelpflanzen
vor der Südfassade
des Schlosses

chen Einschätzung wurde die herzogliche Verfügung auch von dem Oberhofmarschall von Wangenheim in einem entsprechenden Bericht bedauert, „(...) weil der hiesige Garten, welcher sich oft eines sehr zahlreichen Besuchs von Fremden und besonders von den höheren Civil- und Militärbehörden, so wie insbesondere der Generalität zu Erfurt zu erfreuen hat, auf ein Mal eine vorzügliche Ausschmückung von Gewächshaus-Pflanzen, und das Ansehen eines fürstlichen Gartens (...) [verlieren würde]".[46] Daraufhin stimmte der Herzog dem Verbleib bis zur endgültigen Entscheidung bei seinem nächsten Besuch in Gotha zu.

1839 war beabsichtigt, die durch den Tod des Hofgärtners Friedrich Emil Wehmeyer frei gewordene Stelle nicht wieder zu besetzen und die Aufsicht über den Unterhalt der Anlage dem Hofgärtner Louis Heynhold in Ichtershausen zu übertragen. Das Oberhofmarschallamt hatte sich aber mit Hinweis auf die Tatsache, dass der Schlossgarten in Ichtershausen

kleiner als der Molsdorfer sei, für die Neubesetzung der Hofgärtnerstelle ausgesprochen. Der Molsdorfer Garten wird, so hieß es in einem Bericht, „(...) von Fremden, wenn auch nicht mehr so häufig als sonst, doch noch immer fleißig besucht (...) und Ew. Herzoglichen Durchlaucht Höchste Absicht ist, ihn in gutem Zustande erhalten zu lassen. (...). Der Abwartung des Gärtners ist auch ein Gewächshaus in zwey Abtheilungen anvertraut, mit dessen Gewächsen 53 Pomeranzen, Citronen, Lorbeeren und Kirschlorbeeren, in Kübeln und einer Partie Topfgewächse – die Plätze des Gartens im Sommer besetzt werden".[47] Mit dem Hinweis auf „zwey Abtheilungen" war ein Warm- und ein Kalthaus gemeint, eine Unterteilung, die 100 Jahre zuvor nicht erfolgt wäre, da wärmebedürftigere Pflanzen noch nicht in großer Anzahl kultiviert wurden. Waren sie aber vorhanden, dann wurden sie in Ofennähe aufgestellt.

Die Hofgärtnerstelle wurde dann doch mit Louis Heynhold aus Ichtershausen besetzt. Heynhold war offensichtlich ein fähiger Gärtner, er betrieb neben seinen dienstlichen Aufgaben privat eine Levkojenkultur, „(...) eine der stärksten im Lande (...)" und hatte bei Gartenbauausstellungen in Erfurt Preise erhalten. Die aus dem Mittelmeerraum stammende Levkoje war vermutlich über italienische Klostergärten nach Deutschland gekommen. Gefüllt blühende wurden bereits 1570 beschrieben. Sie war eine im frühen 19. Jahrhundert äußerst beliebte, einjährige Sommerblume, die besonders in großem Umfang in Töpfen in den Erfurter Gärtnereien, wie in der bekannten Firma Franz Anton Haage oder später bei Ernst Benary, kultiviert wurden. Am Rande sei bemerkt, dass der Weber Christoph Lorenz die Kultur dieser Pflanze in wenigen Blumentöpfen am Zimmerfenster begonnen hatte und es ihm später gelang, die erste gelbe Levkoje zu züchten.

1850 standen die Molsdorfer Gewächshäuser im Zusammenhang mit Etatkürzungen erneut zur Disposition. So berichtet der Oberhofmarschall von Wangenheim: In Molsdorf „(...) ist ein Gewächshaus dabei, in welchem einige Orangenbäume und dergleichen zur Besetzung des Platzes vor dem Schloße und andere Pflanzen zur Zierde anderer Plätze unterhalten und andere Gewächse herangezogen werden. Der Gärtner unterhält eine der schönsten Sommerlevkojen-Floren, und hat, neben der Zierde, hieraus einen kleinen Erwerb durch Samenverkauf gezogen, (...)".[48] Im gleichen Bericht werden aber auch die Bedenken Heynholds erwähnt, dass der Molsdorfer Garten sein gutes Erscheinungsbild wegen der Etatkürzung verlieren könnte und die Besucher diese Tatsache dann ihm anlasten würden. Man hätte ihm zwar empfohlen, „(...) das gewächshaus, die Blumenbeete und nöthigen Falls einige Wege eingehen zu lassen". Das hätte ihm jedoch widerstrebt. Der Versuch, mit Hilfe seiner Familie den Garten, die Wege und das Gewächshaus dennoch zu erhalten, sei aber auf Dauer nicht durchführbar.

1864 wird dann von der Schlosshauptmannschaft Gotha endgültig angeordnet, „(...) die Molsdorfer Gewächshäuser un-

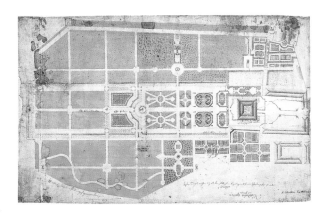

Plan von Schloss und Park Molsdorf, vor 1769

verzüglich zu räumen und dieselben vom nächsten Winter an nicht mehr bestehen zu lassen".[49] Darüber hinaus wird der Hofgärtner Friedrich Müller aufgefordert, eine Auflistung des vorhandenen Pflanzenbestands und eine Wertermittlung vorzunehmen. Diese Liste wurde von Müller aufgestellt, liegt aber der genannten Akte nicht bei. Nachdem die Schlosshauptmannschaft sich an Ort und Stelle von der Richtigkeit überzeugt hatte, wurde angeordnet, „(...) die Orangenbäume pp [an anderer Stelle heißt es „Orangen-Lorbeerbäume usw."; d. Vf.] nach Gotha mittelst Eisenbahn von Dietendorf [Neudietendorf] zu transportieren und die übrigen Gewächse (...)" öffentlich zu versteigern. Der Bahntransport nach Gotha erfolgte auch weisungsgemäß, doch die Versteigerung war erfolglos, da nur wenig Interesse an den Pflanzen bestand. Sie wurden anschließend für einen Betrag von 15 Talern von einem Gothaer Kunst- und Handelsgärtner übernommen. Nach nahezu 150 Jahren bestanden damit im Schlosspark Molsdorf keine Gewächshäuser mit ihrem zweifellos reichen Pflanzenbestand mehr.

Bleibt die Frage nach der Bedeutung dieser vergleichsweise kleinen Orangerie, deren Pflanzenbestand, ausgehend von den vorliegenden Inventarlisten zwischen 1756 und 1772, nicht unerheblich war. Dabei überwogen die klassischen Orangeriepflanzen, wie Zitrus, Kirschlorbeer, Granatäpfel, Oleander und Feigen. Unter klassischen Pflanzen verstand man solche, die schon in den Schriften der Antike vorkamen, aber in vielen Fällen aus Vorderasien stammten. Über die Bauform der Häuser konnten bisher keine archivalischen Belege gefunden werden, abgesehen von dem Hinweis auf ein Warmhaus, das aber möglicherweise mehr der Pflanzenvermehrung diente. Die offensichtlich schlicht gestalteten Häuser befanden sich unterhalb der Kirche im Bereich des westlich des Schlossgebäudes gelegenen Küchengartens vor der nördlichen Parkmauer. Als bauliches Gestaltungselement des repräsentativen Gartens kamen sie nicht in Betracht. Obwohl über den Zeitraum zwischen 1734 und 1748, also die Gotter-Zeit, bisher keine Informationen über die Molsdorfer Orangerie gefunden werden konnten, kann man davon ausgehen, dass sie, und damit ist der Pflanzenbestand gemeint, in diesem Zeitraum eine besondere Rolle gespielt hat. Der Hausherr Gustav Adolph von Gotter hatte sich, wie schon erwähnt, mit seinem Molsdorf eine ländliche Idylle geschaffen, in der er aber nicht als Einsiedler leben wollte, sondern die er mit Leben, wie er es verstand, erfüllte. Er liebte Feste mit großer Prachtentfaltung, und sein Verlangen nach Festlichkeiten und Vergnügungen, nicht nur in Molsdorf, ist überliefert. Ein Schauplatz dieser Feste war der Garten, zu dessen Ausstattung natürlich nicht nur die dekorativen Schmuckbeetanlagen, die formgeschnittenen Hecken und Alleen und die Bildwerke gehörten, sondern auch die exotischen Pflanzen. All dies war Teil seines Repräsentationsbedürfnisses. Nach dem vor 1769 angefertigten Plan von Schloss und Park Molsdorf lag der Platz für die Aufstellung der Kübelpflanzen, das Orangerieparterre, in der Mitte der sich vom Schlossgebäude nach Süden hin erstreckenden Mittelachse, etwa dort, wo sich heute der mondsichelförmige See befindet. In der zweiten Hälfte des 18. Jahrhunderts war Molsdorf nicht mehr Schauplatz herrschaftlicher Festlichkeiten. Die barocke Gartengestaltung blieb zunächst erhalten. Der Kübelpflanzenbestand hatte sich sogar bis auf rund 450 Pflanzen erhöht. Mit der Neubildung des Herzogtums Sachsen-Coburg und Gotha 1826 war dann jedoch das Ende der Molsdorfer Orangerie absehbar und 1864 endgültig besiegelt.

Günther Thimm

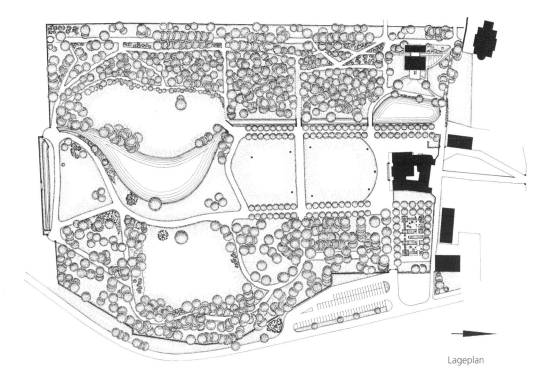

Lageplan

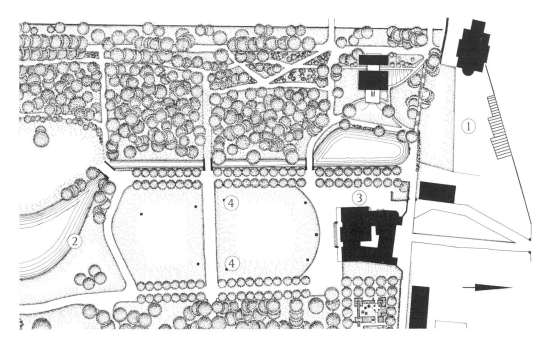

Lageplan, Ausschnitt

1 Standort der Gewächshäuser bis 1864
2 Standort des vermutlichen Orangerieparterres Mitte des 18. Jahrhunderts
3 Sommerstandort der Orangerie Ende des 18. Jahrhunderts
4 Sommerstandort der Orangerie Anfang des 19. Jahrhunderts

Schloss Heidecksburg in Rudolstadt

Die Orangerien von Schloss Heidecksburg in Rudolstadt und Cumbach

Die Geschichte der Gartenanlagen auf der Heidecksburg ist eng mit der Baugeschichte des ehemaligen Residenzschlosses verbunden. Man kann davon ausgehen, dass es bereits um die Mitte des 16. Jahrhunderts im Bereich der damals noch bestehenden Burganlage Gärten gegeben hat, deren genauer Standort und jeweilige Ausstattung aber nicht bekannt sind. Den wenigen Informationen, die es hierüber gibt, ist zu entnehmen, dass es sich dabei sowohl um Küchen- als auch um Lustgärten gehandelt haben könnte, denn es werden Obstkulturen, Quitten-, Feigen- und Lorbeerkulturen genannt, um die Graf Albrecht VII. von Schwarzburg-Rudolstadt von anderen Fürstenhäusern gebeten wurde. 1603 wird ein Feigenhaus erwähnt, das erforderlich war, um die Feigenbäume überwintern zu können. Die Echte Fruchtfeige (*ficus carica*) stammt aus Westasien und zählt zu den klassischen Orangeriepflanzen. Sie wurde schon in der Antike unter anderem in Griechenland und Italien eingeführt, wo sie sich problemlos akklimatisierte. Auch in Deutschland kann sie in wärmeren Gegenden bei geschütztem Stand im Freien gehalten werden, wenn man den Wurzelballen im Winter so bedeckt, dass der Frost nicht eindringen kann. In der Regel erfolgt ihre Kultur in Kübeln, die in Häusern überwintert werden müssen, oder auch ausgepflanzt als Spalier an den Wänden der Glashäuser. So heißt es in der 1684 erschienenen Ausgabe „Vom Garten-Baw" von Johann Sigismund Elßholtz, dass „(...) die hohen besser an die Gelender eines Pomerantzen-Hauses [zu pflanzen seien] / auff daß sie daselbst Winter und Sommer unverrückten Stand haben mögen: die niedri-

gen werden auff Geschirren erhalten / und wofern man sie ja im Frühling aus denselben ins Land aussetzen will / so müssen sie doch auff den Herbst wieder eingebracht [werden] (...)."[50]

Mitte des 18. Jahrhunderts entstand auf der unteren Terrase der barocke Schlossgarten.[51] Zwischen der zweiläufigen Rampen- und Treppenanlage, die von der mittleren Terrasse in den Schlossgarten führt, wurde ein „Aedificium pro arboribus exteris", ein „Gebäude für fremdartige Bäume" errichtet. Nach dem bisherigen Kenntnisstand gibt es zu diesem Gebäude, abgesehen von Aufträgen an den Landbaumeister Peter Caspar Schellschläger hinsichtlich erforderlicher Reparaturen und Neuanschaffungen von Pflanzenkübeln, keine näheren Informationen. Das trifft auch auf den Pflanzenbestand zu. Aus gärtnerischer Sicht waren der Standort und die Lage dieses Gewächshauses mit seiner Ausrichtung nach Osten im Grunde genommen ungeeignet, und so heißt es auch in einem Bericht Schellschlägers vom 18. April 1764: „Das itzige Orangerie Hauß, an welchen zur Zeit keine besondere Reparatur nöthig ist, kann zwar seiner dermahligen Beschaffenheit nach noch verschiedene Jahre stehn, jedoch ist auch nicht zu leugnen daß solches nicht allein nach Anzahl und Größe der itzigen Orangerie zu klein ist, sondern auch den consideralen Fehler hat, daß seine Haupt Fadcata gegen Morgen, und also nach einer ganz contrairen Gegend, so regelmäßig gegen Mittag seyn sollte, gerichtet ist." Weiter heißt es, dass ein Standortwechsel nicht nur entsprechende Kosten verursachen, sondern auch Auswirkungen auf die derzeitige Gestaltung des Gartens haben würde. Aus diesem Grund „(...) hat man das weitere dieserhalb fernern hohen Resolution gehorsamst überlaßen wollen".[52] Im gleichen Bericht werden auch „Orangen-Plätze",

Seite 90:
Zitruspflanze
im Schlosshof
von Schloss
Heidecksburg

also Standorte zur Aufstellung der Kübelpflanzen, genannt, die sich offensichtlich
im Garten befunden haben. Diese Plätze
werden im Zusammenhang mit der ange-
wiesenen Errichtung von „Nichen von
Lattenwerck" erwähnt. Die wenigen An-
merkungen hierüber lassen jedoch nicht
erkennen, wo sich diese Lattenwerke
befunden haben, deren gestalterisch ver-
tretbare Einordnung in den Garten von
Schellschläger aber angezweifelt wurde.
Dazu schreibt er: „Die größte Schönheit
eines Gartens besteht ohnstrittig überhaupt in einer guten Übereinstimmung
aller Theile desselben (...)."
Im Zusammenhang mit der landschaftlichen Umgestaltung des barocken Schlossgartens nach 1796 wurde das erwähnte
„Orangerie Hauß" möglicherweise nicht
entfernt, denn in einer von Fürst Ludwig
Friedrich II. angefertigten Federzeichnung
zu dieser Neugestaltung ist an gleicher
Stelle noch ein Gebäude ohne nähere
Bezeichnung dargestellt.

In dieser Federzeichnung ist auch am
Standort des heutigen Schlosscafés ein
Gebäude eingezeichnet, in dem sich eine
Sommerwohnung der fürstlichen Familie
und eine Kegelbahn befanden. 1898 wurde
dieses Gebäude zu einem Gewächshaus
mit einer Kalthaus- und einer Warmhausabteilung umgebaut. Die Südwand erhielt
eine Glasfassade. Da größere Pflanzen
aufgestellt werden sollten, mussten im
Dach des Gebäudes zusätzlich Oberlichter
eingefügt werden. Es gibt jedoch keine
Hinweise darauf, welche Pflanzen hier
kultiviert oder überwintert wurden. 1933
erfolgte dann der Umbau des Gebäudes
zu einem Café.
Laut Nachforschungen des Thüringer
Landesmuseums Heidecksburg soll 1764
auf Veranlassung Fürst Johann Friedrichs
auf der mittleren Terrasse ein Orangeriegebäude zwischen dem Kanonenhaus und
dem Südflügel errichtet worden sein, das
aber Mitte des 19. Jahrhunderts wieder
entfernt wurde. Auf einer Bleistiftzeich-

nung des 1832 in Weimar verstorbenen Malers Johann Heinrich Meyer ist stadtseitig ein eingeschossiges Gebäude mit hohen Rundbogenfenstern dargestellt, das als Pflanzenhaus gewertet werden könnte. Es wird vermutet, dass diese Zeichnung 1813 oder 1814 entstanden ist.[53] Dieses Gebäude ist auch auf einem Kupferstich „Rudolstadt von Abend" von Johann Georg Martini, 1808, zu sehen. In einem Rudolstädter Stadtplan von 1843 ist in der 1939 erschienenen „Entstehungsgeschichte und Häuser-Chronik von Alt-Rudolstadt" von Hugo Trincklerdieses Gebäude noch eingezeichnet. Es fehlen dazu jedoch nähere Angaben. Die gärtnerische Gestaltung der mittleren Terrasse erfolgte erst Anfang des 19. Jahrhunderts.

Zwar nicht zu den Liegenschaften der Stiftung Thüringer Schlösser und Gärten gehörend, darf aber der ehemalige „Fürstliche Garten zu Cumbach" auf dem südlich der Stadt gelegenen Höhenzug mit seinem großen Orangeriegebäude nicht unerwähnt bleiben. Hier in Cumbach, heute ein Ortsteil der Stadt Rudolstadt, wurde bereits 1740 von Peter Caspar Schellschläger ein Gewächshaus errichtet, das aber offensichtlich wenige Jahre später umgebaut und erweitert wurde. Darauf verweist Gottfried Heinrich Krohne, nach dessen Entwürfen der Westflügel und der Turm von Schloss Heidecksburg errichtet wurden. In einem Bericht vom 12. April 1745 heißt es: „Ist zu Verlängerung des Gewächs Hauses nach Cumbach ein Entwurf gemacht und mit hinlänglicher explication an Hr. Lieutnant Roßen abgegeben worden, (...)."[54] Hans-Herbert Möller schreibt in seiner 1956 erschienenen Monographie über Gottfried Heinrich Krohne, dass deutlich zu erkennen sei, „(...) wie an den zweigeschossigen siebenachsigen Mittelpavillon, der in seinem Kern mit dem alten Gewächshaus identisch sein dürfte, beiderseits 110 Schuh lange Treibhausflügel angefügt werden".[55] Möller bezieht sich dabei auf einen Entwurf Krohnes, der aber nur in einer Kopie Schellschlägers im Thüringischen Staatsarchiv Rudolstadt erhalten sei. Hier konnte jedoch nur ein nicht datierter und nicht signierter, Cumbach zugeschriebe-

ner Plan ermittelt werden, der zwar in der Beschreibung, nicht aber in der von Möller genannten Größe und Zeichentechnik übereinstimmt. Der im Staatsarchiv vorliegende Plan zeigt, wie von Möller angegeben, ein Orangeriegebäude im Grund- und Aufriss, dessen Fassade einmal von der Stadtseite und zum anderen von der Gartenseite her dargestellt ist. Der Mittelpavillon zeigt stadtseitig aber sieben Achsen und gartenseitig zwölf Achsen. Die Seitenflügel haben hier auch nur eine Länge von 92 Schuh.[56] Möller schreibt weiter: „Bei seiner Baubesichtigung vom 18. 6. 1745 findet GHK [Gottfried Heinrich Krohne] die Arbeiten im Fluß. Trotzdem schließt er sich mit dem Kammerrat Schönfeld dem Vorschlag des Hofgärtners Key an, daß ‚diese Verlängerung in gerader Linie mit dem bereits stehenden' Bau geschehen sollte (...). Beim ausgeführten Bau ist jedoch auf die Hervorhebung des

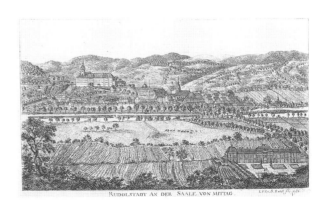

RUDOLSTADT AN DER SAALE VON MITTAG

Johann Heinrich
Meyer, mittlere
Terrasse von Schloss
Heidecksburg mit
Orangeriegebäude,
um 1800

Luftaufnahme
von Schloss
Heidecksburg,
vor 1936

Mittelrisalits und der seitlichen ,Pavillons'
nicht verzichtet worden."[57] Dieser von
Möller zitierte Baubericht Krohnes konnte
jedoch unter dem angeführten Ort nicht
gefunden werden.[58] Seine Feststellung,
dass die Entwicklung der künstlerischen
Idee, wie auch der Baugeschichte mangels
archivalischer Materialien nicht weiter zu
verfolgen sei, ist zu bestätigen. Das gilt
auch für die Aktenlage zur Gestaltung des
Gartens und zum Pflanzenbestand. Offenbar hatte man aber vor allem Zitruspflanzen kultiviert, denn aus einer „Hof-Rech-
nung Im Quartal Trinitatis 1749" geht
hervor, dass in diesem Zeitraum 157 Zi-
tronen- und 295 Pommeranzenfrüchte an
die Hofkonditorei geliefert wurden.[59]
Anfang der sechziger Jahre des 18. Jahrhunderts genügte offensichtlich dieses
Gebäude nicht mehr den gärtnerischen
Anforderungen. In einem 1763 verfassten
Bericht heißt es: „Das jetzige Orangerie-
Haus in dem herrschaftlichen Garten zu
Cumbach ist allen Umständen nach bei
seinem ersten Anfang sehr klein angelegt
und nur erst nach und nach, wie der
Anschein gibt auf 3 oder gar auf 4 mal
der jetzigen Größe erbaut worden, des-

halb ist auch die Bauart an selbigen nicht
die beste, und kann von dem ganzen
Haus nicht mehr als 2/3 desselben wirklich und mit Nutzen gebraucht werden."[60]
Hinzu kämen noch Unzulänglichkeiten
der Stellagen, deren oberste Stufe wegen
der darüber liegenden Dachschräge nicht
vollständig zur Aufstellung der Pflanzen
in Anspruch genommen werden könnte.
Damit waren so genannte Treppenstella-
gen gemeint, treppenartig übereinander
angeordnete Gestelle, auf denen die Pflan-
zentöpfe aufgestellt wurden. Im vorliegenden Fall hatte es sich um eine fünf-
stufige Stellage gehandelt. Allerdings
konnte man aufgrund der vorhandenen
Raumhöhe die oberste, fünfte Stufe nicht
mehr nutzen. Auf der darunter liegenden
vierten Stufe könnten zwar „(...) zur Not
einige niedrige Gewächse stehen (...), welche dennoch von denen davor zu stehen
kommenden höheren und größeren Orangenbäumen verdrückt und selbst die Kronen dieser letzthin sämtlich auf einer
Seite zurückgehalten und in ihrem Wachstum verhindert werden, weil sie allzu
dicht an- und ineinander gestaket werden müssen". Im weiteren Verlauf dieses
Berichts wird der Vorschlag unterbreitet,
dass es wegen der angeführten Mängel
und „(...) der sowohl an der Anzahl als
vom Wachstum beständig zunehmenden
Orangerie" vorteilhafter sein dürfte, „(...)
wenn mit eins ein ganz neues Orangerie-
Haus ausgeführt [würde], wozu man den
hierbei befindlichen Generalentwurf zu
weiterem hohen Ermessen gehorsamst ein
oder ausreichen [wollte]". Es stellt sich
daher die Frage, ob es sich bei der oben
genannten, nicht datierten und unsignier-
ten Zeichnung eines Orangeriegebäudes
um diesen Generalentwurf handeln könnte.
Dieser empfohlene Neu- oder Erweite-
rungsbau ist wohl auch erfolgt, denn eine
Radierung aus der Zeit um 1770, „Prospect von Rudolstadt aus südlicher Ferne,
T.G.H. Haucke, del. et. fec."[61] und eine
weitere aus dem Jahr 1786, „Rudolstadt
an der Saale von Mittag, L.F.P.v.S.Rudol.
[Ludwig Friedrich Prinz von Schwarz-
burg-Rudolstadt], fec. 1786"[62] zeigen das
Gebäude, wie es bis zum Ende des Ersten
Weltkriegs bestanden hat. Aufschluss-

reich ist auch ein 1763 von I.C. Siegfrieden angefertigter „Plan Des Fürstlichen Gartens zu Cumbach"[63], der in sechs nach Süden hin ansteigenden Terrassen und in 24 Quartiere gegliedert war. Nach der planlichen Darstellung zu urteilen, wurden diese Quartiere als Küchengarten genutzt. An die unteren zwei Terrassen grenzte östlich ein kleiner, annähernd trapezförmiger Platz an, der entweder schon als ein Orangerieparterre genutzt wurde oder erst dazu ausgebaut werden sollte. Ein ebenfalls 1763 von Siegfrieden angefertigter „Plan des Orange-Platzes"[64] zeigt den Platz „Wie selbiger anjetzo" und „wie er mit Nichen, nach Wegnehmmung der Terrasse und der einen Hecke, angeleget werden könnte". Einem Bericht an den Fürsten vom 27. Juni 1772, der sich vordergründig mit dem offensichtlich schlechten Zustand der Zitruspflanzen beschäftigt, ist zu entnehmen, dass „an der Verfertigung der Terrasse in den Orangerie Platz, ingleichen bey Anlegung der Lust Stücke vor den Gewächs-Häusern" gearbeitet wurde. Weitere Informationen über die Gestaltung der übrigen

Gartenbereiche fehlen. Hauptsächlich ging es in diesem Bericht um die Beschuldigung des Hofgärtners Wolsky, er habe den Pflanzenbestand von seinem Vorgänger Calenio in einem guten Zustand übernommen, diesen aber dann vernachlässigt. Wolsky forderte daraufhin ein unabhängiges Gutachten, da er sich keiner Schuld bewusst sei.[65] Dieses Gutachten liegt dem Bericht nicht bei.

Aus den Archivalien über die Geschichte der Cumbacher Orangerie konnte bisher nur eine Inventarliste vom 13. September 1792 ermittelt werden, aus der hervorgeht, dass zu diesem Zeitpunkt neben anderen etwa 120 Zitronen und Zitronatbäume, 60 Pomes des Sina (süße Orangen), 117 bittere und süße Pomeranzen, 13 Lorbeer sowie ein Johannisbrotbaum und zwei Kaffeebäume vorhanden waren.[66] Das Interesse an der Kultur von Zitrusfrüchten zeigt sich auch daran, dass allein in den Monaten Juli bis Dezember 1774 an die Fürstliche Küche und „dasige Conditorey" 576 Orangenfrüchte, 60 Pomeranzenfrüchte und 60 Feigenfrüchte geliefert wurden.[67] Vom

Schlosscafé auf der unteren Terrasse von Schloss Heidecksburg, darüber das so genannte Kanonenhaus auf der mittleren Terrasse

Orangerie
in Cumbach,
Mittelrisalit des
ehemaligen
Orangeriegebäudes

1. April 1778 bis zum 3. März 1779 wurden an die Hofkonditorei schon wesentlich mehr, nämlich 1884 Orangenfrüchte geliefert.[68]

1831 berichtete der zum Hofgärtner in Cumbach berufene Johann Friedrich Hercher an die Fürstliche Kammer, dass der Pflanzenbestand zum großen Teil abgängig sei. „Das krankhafte Aussehen der Orangenbäume", schrieb er, „der auffallende Mangel der Blüthen und Früchte und die häufige Verunstaltung in den Kronen (...)" deuteten darauf hin, dass sie nicht zu retten seien.[69]

Außer dem Orangeriehaus müssen sich in Cumbach auch zwei Ananashäuser befunden haben. 1866 teilte Hercher mit, diese beiden Häuser seien so baufällig, dass eine Reparatur nicht mehr sinnvoll sei. Er empfahl einen Neubau, der aber vom Fürstlich-Schwarzburgischen Finanz-Collegium abgelehnt wurde.[70]

Aus dem Jahr 1877 liegt eine weitere Inventarliste des nun Fürstlichen Garteninspektors Friedrich Hercher vor, die lediglich 1388 Kalthauspflanzen und 259 Warmhauspflanzen ohne nähere Spezifizierung beinhaltet. Fünf Jahre später, 1882, wurden dann im Zusammenhang mit einer Übergabe sämtlicher Fürstlicher Gärten, ohne die einzelnen zu nennen, neben anderen 500 Camelien, 600 Myrten, 200 Pelargonien, 100 Warmhauspflanzen, 30 Palmen und 400 Neuholländer inventarisiert.[71] Unter Neuholländer sind in Australien heimische Pflanzen zu verstehen, die einen hohen Lichtbedarf, aber nur geringe Wärmeansprüche haben und deshalb zu den Kalthauspflanzen gezählt werden. Die Neuholländer entsprechen gemäß ihren Standortanforderungen den so genannten Kappflanzen, das heißt den aus Südafrika stammenden Pflanzen, wie Agapanthus oder Aloe.

Zwischen 1883 und 1889 bestand auch die Möglichkeit, dass Pflanzen von Privatpersonen in Cumbach überwintert werden konnten. Die Pflanzen hätten aber zu jeder Zeit ohne Angabe von Gründen von den Eigentümern zurückgenommen

Seite 96:
Blick von der
Terrasse von
Schloss Heidecks-
burg auf die
Orangerie in
Cumbach

Orangeriegarten in Cumbach, Garten- und Südseite des Orangeriegebäudes, um 1770

lich eine Verpachtung des Gartens bzw. des Orangeriehauses wegen der hohen Unterhaltskosten immer noch im Gespräch. 1897 wurde dem Hofmarschallamt aber mitgeteilt, dass gemäß höchster Weisung dieser Vorgang nicht weiter zu verfolgen sei.[72] 1908 war die Abteilung Finanzen im Fürstlich-Schwarzburgischen Ministerium nicht mehr gewillt, weitere Reparaturen am Orangeriehaus zu finanzieren, da das Gebäude nicht mehr genutzt würde. Man sei geneigt, einem bereits 1896 seitens des Hofmarschallamts unterbreiteten Vorschlag nach Abbruch des Gebäudes zuzustimmen. Aber bereits wenige Tage später teilte das Hofmarschallamt mit, dass man sich dazu nicht entschließen könne, da das Gebäude einen „gewissen Kunstwert" habe. Außerdem sei eine künftige Nutzung nicht auszuschließen. Im Jahr darauf erfolgte dann doch die Reparatur.[73] 1911 interessierte sich ein Landwirt aus Mahlsdorf bei Berlin für die Gebäude in Cumbach, um sie für eine Geflügelzucht- und Lehranstalt zu pachten, „da dieselben zu gärtnerischen Zwecken nicht mehr benutzt werden", schrieb er.[74]

1913 wurde vom Landtag des Fürstentums Schwarzburg-Rudolstadt der Wunsch geäußert, den geplanten Neubau des Krankenhauses im Cumbacher Garten zu ermöglichen. Dazu konnte sich aber Fürst Günther Viktor wegen „(...) der schönen Aussicht, den die Orangerie von der jenseitigen Schloßhöhe gewähre" nicht entschließen, wie es in einem offenen Brief in der Beilage zu Nr. 74 der Rudolstädter Zeitung vom 30. März 1913 hieß.

Nach dem Ersten Weltkrieg war dann die Zeit des „Fürstlichen Gartens zu Cumbach" mit seinem repräsentativen Orangeriegebäude endgültig zu Ende. Aus dem ehemaligen Gärtnerhaus wurde ein städtisches Versorge-Haus. 1920 erfolgte der Umbau des Westflügels des Orangeriegebäudes zu einem Sommerkinderheim und 1923 der Umbau des Ostflügels zu einem Altenheim. Anfang der neunziger Jahre des vergangenen Jahrhunderts entstanden im östlichen Randbereich des Gartens Neubauten, die zum heutigen Eigentümer, K&S Senioren-Residenz „Cumbach" ge-

werden müssen. Außerdem behielt sich die Hofverwaltung das Recht vor, die Pflanzen für Dekorationszwecke zu nutzen. Entschädigung wäre für den Fall, dass die Pflanzen eingingen, nicht gezahlt worden.

Gegen Ende des 19. Jahrhunderts bestand offensichtlich am Cumbacher Garten seitens des Fürstenhauses kein besonderes Interesse mehr, denn 1894 und 1895 wurde das Hofmarschallamt um Auskunft darüber gebeten, ob der Garten und unter welchen Bedingungen zu pachten oder zu kaufen wäre. 1896 ist in der Niederschrift einer Beratung in Cumbach zu lesen, dass das „Fürstliche Gewächshaus" seit dem Tod des Fürsten Albert (1869) vernachlässigt worden sei. Das Fürstlich-Schwarzburgische Ministerium, Abt. Finanzen, zweifelte diese Aussage jedoch an und entschied sich gegen einen Neubau. Stattdessen empfahl man eine Reparatur. Da die Hälfte des Gebäudes ohnehin leer stünde, hieß es, könnten die vorhandenen Pflanzen dennoch untergebracht werden. Unabhängig davon war aber offensicht-

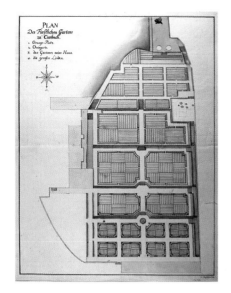

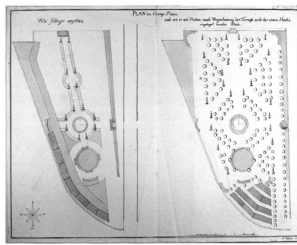

Orangeriegarten in Cumbach,
Gartenplan von 1763

Orangerieparterre in
Cumbach, links:
vorhandene Situation,
rechts: Entwurf
zur Neugestaltung, 1763

hören. Das ehemalige Orangeriegebäude wird zurzeit nicht genutzt.

Der „Fürstliche Garten zu Cumbach" war um 1800 ohne Zweifel eine eindrucksvolle Anlage, die den Vergleich mit anderen thüringischen Anlagen dieser Zeit standhalten konnte. Seine von Süd nach Nord hin abfallende, heute noch ablesbare Terrassierung war nahezu vollständig auf das repräsentative Orangeriegebäude als bauliche Dominante ausgerichtet, das über eine Sichtachse mit dem Schallhaus im Schlossgarten der Heidecksburg und von hier aus mit dem Residenzschloss in Verbindung stand. Unverständlich bleibt jedoch, warum der „Orange-Platz", das

Orangerieparterre, abseits des Gebäudes auf einer relativ kleinen Fläche angeordnet wurde und nicht in einem unmittelbaren Zusammenhang mit dem Orangeriehaus stand. Bezogen auf die Architektur und die Größe des Hauses hätte man das erwarten können. Die Archivalien geben auf diese Frage keine Antwort, auch nicht darauf, inwieweit die Cumbacher Anlage in das gesellschaftliche Leben des Rudolstädter Hofs, vor allem des 18. Jahrhunderts, einbezogen war. Waren es letzten Endes fehlende Finanzierungsmöglichkeiten, die einer aufwendigen Gartengestaltung entgegenstanden? Mangelndes Interesse, vor allem des Fürsten Johann

Entwurf des
Orangeriegebäudes
in Cumbach, Grundriss und Ansicht,
links: Stadtseite,
rechts: Gartenseite,
vermutlich 1745

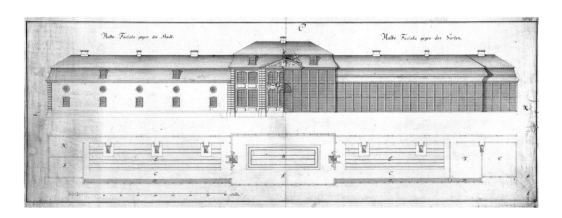

Lageplan der
Orangerie in
Cumbach

Friedrich, kann man sicher nicht unterstellen, denn gerade er gehörte zu den Regenten des Fürstentums, die das geistige Leben am Hofe und im Land und damit die Kunst nachhaltig beeinflusst haben, wenn man allein die Verpflichtung Krohnes im Zusammenhang mit dem Bau des Westflügels von Schloss Heidecksburg bedenkt. Dieser Wiederaufbau hat enorme Geldmittel verschlungen. Es wäre begreiflich, wenn dadurch dem Garten in Cumbach die nötige Finanzierungsmöglichkeit versagt geblieben ist. Damit war aber auch die Chance einer eindrucksvollen Demonstration südländischer Gartenbereiche in einem dafür besonders prädestinierten barocken Garten vergeben.

Günther Thimm

1 Ehemaliges
  Orangeriehaus
2 Ehemaliges
  Orangerieparterre

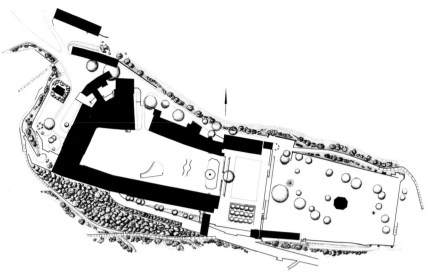

Lageplan von Schloss
Heidecksburg

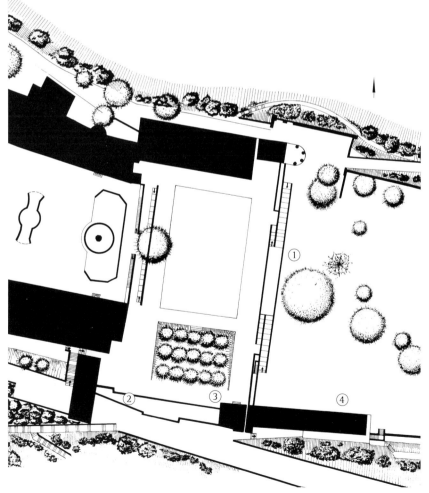

Lageplan, Ausschnitt

1 Standort eines im
   18. Jahrhundert
   vorhandenen, als
   „Aedificium pro
   arboribus exterris"
   bezeichneten
   Pflanzenhauses
2 Standort eines 1764
   errichteten Orange-
   riehauses, das Mitte
   des 19. Jahrhunderts
   abgetragen wurde
3 Standort des ehe-
   maligen Kanonen-
   hauses
4 Schlosscafé, ehemals
   Sommerwohnung
   der fürstlichen Fami-
   lie, 1898 Gewächs-
   haus, 1933 Umbau
   zu einem Café

101

Schloss Wilhelmsburg in Schmalkalden

Seite 102:
Rosengarten an der
Südseite von Schloss
Wilhelmsburg, Blick
von Osten

Orangerieaspekte in Schloss Wilhelmsburg in Schmalkalden

Die Orangerieaspekte in den Gärten von Schloss Wilhelmsburg lassen sich am deutlichsten im so genannten Lustgarten nachvollziehen, also im Terrassengarten unmittelbar vor der Südseite des Schlosses, wie er sich in Rudimenten bis heute erhalten hat.[75] Widmete sich Landgraf Wilhelm IV. von Hessen-Kassel (1567–1592) als Bauherr von Schloss Wilhelmsburg vorwiegend der Errichtung der Hochbauten seiner Schlossanlage, so entstanden die vielfältigen Gartenanlagen im Wesentlichen unter seinem Sohn Moritz dem Gelehrten (1592–1627) zwischen 1602 und 1605. Schon 1602 ließ Landgraf Moritz den bis dahin ungenutzten

Südhang des Schlossbergs unter teilweiser Einbeziehung älterer Mauern der Stadtbefestigung in eine terrassierte Gartenanlage umwandeln.[76] Die dabei entstandenen vier Gartenterrassen waren frontseitig durch Stützmauern befestigt, die noch 2001/02 in einer archäologischen Grabung nachgewiesen werden konnten. Am westlichen Rand waren die Terrassen untereinander durch Treppenläufe und zwischengefügte Absätze einer Treppenanlage verbunden. Die äußerste westliche Begrenzung des Lustgartens bildete eine zu dieser Treppenanlage parallel laufende Stadtmauer, die bis heute Marstallgebäude, Marstallhof und Große Pfalz vom Lustgarten trennt. Die östliche Begrenzung des Lustgartens bildete der so genannte „verborgene Gang", ein von

Schlossteich und
Gartenterrassen
südlich der
Wilhelmsburg

hohen seitlichen Böschungen mit spalier-
artigen Obstbaumbepflanzungen einge-
fasster Hohlweg, an dessen Stelle ab etwa
1677, unter Landgräfin Hedwig Sophie,
die so genannte „Wasserkunst", also eine
weitere, noch wesentlich repräsentativer
ausgestattete Treppenanlage mit beglei-
tenden Wasserläufen treten sollte. Eine
östlich dieses „verborgenen Gangs" ver-
laufende, flankierende Gartenmauer bildete
schließlich die Abgrenzung des Lustgartens zum östlich folgenden so genannten
„Küchen- und Obstgarten". Dieser Obstgarten wurde unter Übernahme der älteren geböschten Terrassierung des Vorgän-
gergartens 1602 bis 1605 überformt und
mit Obstbäumen teils neu bepflanzt. Abgesehen von dem 1912/13 in diesem Bereich südöstlich eingebauten Schulhaus
und der seit damals den Terrassenhang
querenden Schlossgartenstraße ist auch
dieser Garten weitgehend erhalten geblieben. Spätestens ab 1604 entstand südlich
des Lustgartens der große Schlossteich,
eine in wesentlichen Grundzügen bis heute
vorhandene Anlage. Den Nordhang des
Schlossbergs besetzte als ein eigenstän-
diger Garten der so genannte „Kaninchengarten". Östlich hinter dem Schloss,
im so genannten „äußeren Zwinger", befand sich schließlich der Rennweg. Die
für Schmalkalden nachgewiesene Vielzahl und Eigenständigkeit der Gärten war
also offenbar gleichermaßen gestalterisch
wie funktional begründet und lieferte ein
ganzes Ensemble an Gärten.

Von besonderem Interesse ist hier der Lustgarten. Die vier Terrassen der Lustgartenanlage vor der Südfront des Schlosses
waren jeweils mit Einzelgärten ausgestattet. In der zeitgenössischen Terminologie
wurden sie ganz bewusst als Einzelgärten
oder Gartenstücke beschrieben. Für die
drei oberen Terrassen sind Gärten erwähnt, die von Holzzäunen mit Johan-
nis- und Stachelbeerhecken eingefasst
wurden und mit Heilkräutern (*simplicia*)
wie Lavendel, Rosmarin und Salbei bepflanzt waren. Überliefert ist auch die
Verwendung von Blumen, Gemüse und
verschiedenen Obstsorten. Die talseitigen
und zugleich südwärtigen Terrassenstütz-
mauern waren mit Wein bepflanzt, die
seitlich abschließenden Mauern der Ter-

rassenanlage mit Stachelbeer- und Ro-
senspalier.[77] Im Zentrum jedes der vier
Terrassengärten stand ein kupfernes
Brunnenbecken mit vier Messinghähnen.
1607 wurden diese Brunnen zudem von
Wasser speienden Standbildern aus Mes-
sing ergänzt. So stand auf der ersten Terrasse ein Ross, auf der zweiten ein Hirsch,
auf der dritten ein Löwe und auf der
untersten Terrasse ein Bär. Das über diese
Brunnenkette auf den Terrassen nach unten fließende Wasser nahm seinen Aus-
gang an einem Wasserkasten beim Kristallturm und mündete schließlich am
Schlossteich in einen abschließenden
Brunnenstock mit sechs Röhren. Über
diese Röhren wurde mit dem abfließenden
Brunnenwasser der Schlossteich gespeist.

Ausdrücklich erwähnt ist in Schmal-kalden auch die Aufstellung von Kübel-pflanzen in den Terrassengärten. Über-liefert ist, dass die Zierpflanzen in Tontöpfen gehalten wurden, die Lorbeer-, Zitronen- und Pomeranzenbäume aber offenbar in Holzkübeln. Die Überwinte-rung dieser Kübelpflanzen ist schon für 1604/05 belegt.[78] Doch erst 1704 werden die Kübelpflanzenbestände ausdrücklich als Orangerie bezeichnet. Zugleich findet Erwähnung, dass die Topfpflanzen zur Überwinterung in einem Gewölbe ver-wahrt wurden,[79] womit schon nach der historischen Beschreibung nur die dop-pelgeschossigen Gewölbe im Bereich der dann ab 1610 weiter ausgebauten Großen Pfalz gemeint sein können. Die Nutzung der Großen Pfalz zur Überwinterung der Pflanzen ergibt sich darüber hinaus auch aus dem textlichen Zusammenhang der Berichte zum Erwerb der Gewächse.

Im Unterschied zu den drei oberen Terras-sen des Lustgartens, die in Renaissance-tradition als Heilkräutergarten gestaltet waren, ist für die unterste Terrasse eine Bepflanzung ausschließlich mit Zwetsch-genbäumen überliefert.[80]

Für den Schmalkalder Lustgarten ist also zu einer relativ frühen Entstehungsphase eine ausgeprägte Orangeriekultur nachge-wiesen. Im Kern geht die Entwicklung der Orangerie auf die Jahre zwischen 1602 und 1604 zurück. Mangels eines Inven-tarverzeichnisses über die einzelnen Pflanzen ist man hinsichtlich der detail-lierten Ausstattung der Orangerie aller-dings auf Vermutungen angewiesen. So ist die in den jüngeren Dokumenten er-wähnte Aufstellung der Kübelpflanzen innerhalb der Gartenstücke der südwärti-gen Terrassengärten auch für die frühe Anlage äußerst plausibel. Die Pomeran-zen-, Zitrus- und Lorbeerbäume waren demnach also Teil der ansonsten zeittypi-pisch von Lavendel, Rosmarin, Salbei und Rosen geprägten Gartenstücke. Für die Überwinterung der Orangeriepflanzen boten sich die nahe gelegenen Gewölbe der späteren Großen Pfalz geradezu an. Zweifellos wurden damit in Schmalkalden alle unabdingbaren Voraussetzungen für eine funktionierende Orangeriekultur erfüllt. Die mehr kursorische Erwähnung der Kübelpflanzenkulturen und Orangeriebestände in der Schmalkaldener Überlieferung deutet allerdings auch darauf hin, dass die dortige Sammlung eher einem auch sonst üblichen Umfang und Sortiment derartiger Anlagen entsprochen hat. Demnach waren fast ausschließlich die überlieferten Lorbeer-, Zitronen- und Pomeranzenbäume bestimmend. Schmalkalden liefert so für den Zeitraum von 1602 bis 1604 ein frühes Beispiel von Orangeriekultur in Thüringen in der durchaus zeitüblichen Integration in einen Terrassengarten nach italienischem Vorbild.

Helmut-Eberhard Paulus

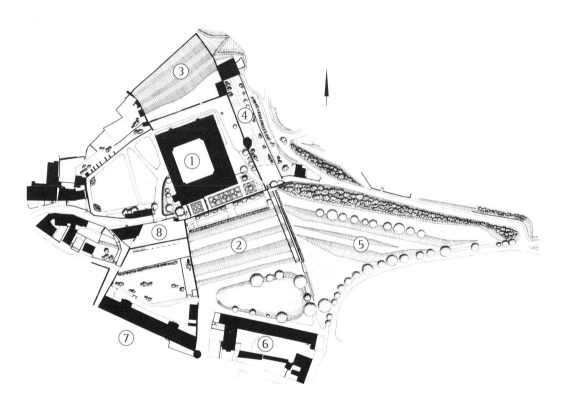

Lageplan

1 Schloss Wilhelmsburg
2 Ehemals terrassierter Lustgarten mit Treppenanlage und Schlossteich
3 Kaninchengarten
4 Zwinger und Kristallturm
5 Obst- und Küchengarten
6 Ehemalige Meierei
7 Ehemaliger Marstall
8 Große Pfalz

Schloss Schwarzburg

Seite 108:
Mittelbau des Kaiser-
saalgebäudes mit
Orangerieparterre

Die Schwarzburger Orangerie – ein Ahnentempel aus Natur und Kunst

In ihren ersten Ansätzen geht die Schwarzburger Orangerie bis auf das Jahr 1699 zurück, auch wenn es erst 1709/10 zu dem maßgeblichen Innenausbau des zugehörigen Kaisersaalgebäudes kam. Die Gartenanlage entstand in den Jahren um 1712, sodass schließlich erst 1719 die gesamten Baumaßnahmen abgeschlossen wurden. Entscheidend für die Schwarzburger Anlage aber ist das Jahr 1710, als Graf Ludwig Friedrich von Schwarzburg-Rudolstadt für sich und seine Nachkommen in den Reichsfürstenstand erhoben

wurde.[81] Dieses Ereignis war zweifellos der entscheidende Anlass für die prachtvolle Ausstattung der Orangerieanlage und des Kaisersaalgebäudes, das zunächst nur ein einfaches Gartengebäude werden sollte. Dem Innenausbau des Kaisersaalgebäudes bis 1710 folgten bis 1712 die Maßnahmen für die Wasserkünste und anschließend die Gartenbauarbeiten an dem vor dem Gebäude liegenden Parterre. Die besondere Bedeutung des Kaisersaalgebäudes als Teil einer Orangerie war lange verschüttet, obwohl die Nutzung des Gebäudes von alters her überliefert ist und die doch sehr eigenwillige Anordnung des Kaisersaals über der als Win-

Gartenparterre
vor dem
Kaisersaalgebäude

Kaisersaal im Kaisersaalgebäude, Deckengemälde

Kaisersaal im Kaisersaalgebäude, Blick in die Laterne

terung dienenden „sala terrena" im Erdgeschoss diesen Zusammenhang gut veranschaulicht. Das Besondere der Schwarzburger Orangerie ist die konsequente Nutzbarmachung von Symbolik und Pflanzkultur der Zitrusgewächse für ein bildlich wie räumlich inszeniertes allegorisches Programm, das den Stamm-

baum, die Gründungslegende und die Familiengeschichte der Schwarzburger in einen metaphorischen Zusammenhang zum Orangenbaum setzt. Die gärtnerische Inszenierung der Orangerie wurde also zum Bestandteil der künstlerischen Ausstattung des Kaisersaalgebäudes, die Zitrusbäume selbst bildeten den realen und örtlich manifestierten Bedeutungsträger für die Ehrwürdigkeit und Anciennität des Geschlechts der Schwarzburger.

So entstand an der nördlichen Schmalseite der Schwarzburger Gartenterrasse ein als dreiteilige Pavillongruppe gegliedertes, einflügelig zweigeschossiges Lusthaus. Sein risalitartig ausgeschiedener Mittelbau mit Walmdach und aufgesetzter, markanter quadratischer Laterne war als zweigeschossige Tempelfront mit Dreiecksgiebel und Attika besonders ausgezeichnet. Der ursprünglich achsensymmetrisch angelegte Kaisersaalbau zeigt sich heute um den aus statischen Gründen 1776 abgetragenen Westteil des Gebäudes reduziert.[82] Die gestalterische Wirkung konzentriert sich daher noch deutlicher auf den kubischen Mittelteil als einem in sich geschlossenen und durch die architektonische Instrumentation ausgezeichneten Teilbau. Das untere Geschoss verfügt über eine kolossal angelegte, genutete Lisenengliederung zu fünf Achsen mit paarweiser Verdoppelung der Lisenen an den Eckkanten. Nur das kleine, durch ein Ochsenauge und die Wappenkartusche der Schwarzburger überhöhte Portal in der Mittelachse durchbricht die sockelartige Geschlossenheit und Strenge des Erdgeschosses. Darüber folgt das geradezu zierliche, als Blendloggia gestaltete Obergeschoss mit ionischer Pilastergliederung auf durchlaufender Blendbrüstung. Über den eckseitig verdoppelten Pilasterpaaren und über der Mittelachse sind im Attikabereich drei Statuen aufgesetzt. Sie stellen die Allegorien der Rhetorik, Musik und Geometrie dar. Die Fassadengestaltung des Kaisersaalbaus weckt mit ihrem eigenwilligen dreiteiligen Aufbau aus hohem Sockelgeschoss, zierlichem Blendportikus und abschließendem pyramidalen Dachbereich sowie mit ihrer darauf abgestimmten architektonischen Instrumentation Assoziationen an Mausoleumsarchitektur[83] und vor allem Memorialbauten.[84] Zugleich ist der Außenbau ein konsequentes Spiegelbild der Innenarchitektur. So befindet sich im sockelartigen Erdgeschoss der schlichte, einer genuteten Lisenengliederung entsprechende Gartensaal, die „sala terrena". Das pilastergegliederte Obergeschoss darüber wird im Inneren vom vornehmen Kaisersaal beansprucht. Sein annähernd quadratischer Raum erweist sich durch die aufgesetzte, ebenfalls quadratische Laterne doppelt zentriert und überhöht. Der Raum wird von der Laterne regelrecht dominiert. Die Lichtführung über die Laterne erzeugt zudem einen Sakralraumcharakter. In die Laterne ist eine Bildergalerie eingelassen, die in ursprünglich drei, heute zwei Reihen die Kaiser präsentiert. Gleich einer Ahnengalerie ist in diese Bildergalerie auch der sieben Monate regierende Kaiser Günther von Schwarzburg als Ahnherr des Schwarzburger Hauses aufgenom-

men. Die Bildergalerie umfasste einst 48 hochrechteckige Bilder mit lebensgroßen Darstellungen, von denen einige durch den Umbau von 1869 und weitere durch Eingriffe ab 1940 verloren gegangen sind.[85] Die Bildergalerie ist Teil eines umfassenden raumbezogenen Programms über die Kaiser des Heiligen Römischen Reichs von Julius Caesar bis Karl VI. Dabei sind in der Bildergalerie die mittelalterlichen Kaiser und Könige besonders hervorgehoben, weil zu ihnen ja auch Günther von Schwarzburg zählt, der hier als wichtigster Ahnherr des 1710 zu neuem fürstlichen Rang gelangten Geschlechts fungiert. Der vornehmste Platz in diesem Bereich, das Deckengemälde der Laterne, zeigt die Gründung des Hauses Schwarzburg entsprechend der überlieferten Gründungssage. Danach soll ein römischer Legionär seine Lanze an der Stelle in den Boden gestoßen haben, an der sich heute die Schwarzburg erhebt. Die Lanze habe sogleich aus ihrem scheinbar toten Holz Zweige und Blätter

Kaisersaalgebäude mit vorgelagertem Rasen- und Gartenbereich

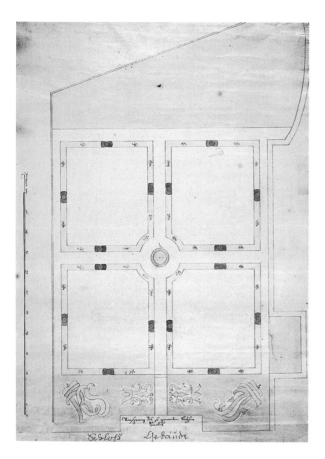

ausgetrieben und sei so zum guten fruchtbringenden Omen für das gesamte Haus Schwarzburg geworden.[86] Zwei gemalte Kartuschen beiderseits des Mittelbilds bezeugen mit ihren Trophäen als Symbolen der Ehre (Gloria) die Ehrwürdigkeit der schwarzburgischen Dynastie. Im Deckenspiegel der Laterne wird also die eigentliche Intention des Kaisersaalprogramms und der damit verbundenen eigenwilligen Raumform offenbar. Einer Erklärung bedarf aber noch die Tatsache, dass der „Ahnentempel" des schwarzburgischen Hauses in Form des Kaisersaals die eigentümliche Position über einer ebenerdigen „sala terrena" einnimmt, die zugleich Winterung einer Orangerieanlage war.[87] Denn die dort aufgestellten Oran

genbäume bilden die weitere Metapher des im Kaisersaal dargestellten Wunders. Als scheinbar tote Stämme und aller Erde entblößt, gelangten im 17. und 18. Jahrhundert die Zitrusgewächse in den Handel. Erst durch die besondere Kunst der Orangeriegärtner wurden sie nach dem Transport aus Italien nördlich der Alpen wieder zum Leben erweckt. Die einschlägige Gartenliteratur des 18. Jahrhunderts vermerkt des Öfteren, dass es zu den Wundern der Zitrusgewächse, insbesondere des Orangenbaums und des Pomeranzenbaums gehöre, dass selbst Stämme, die von aller Erde befreit waren, erneut Wurzeln zu schlagen vermochten. So überraschend im Ergebnis der metaphorische Zusammenhang zwischen der Gründungslegende der Schwarzburger und dem Orangenbaum zunächst sein mag, so sehr ist festzuhalten, dass dieser allegorische Bezug im Bereich der Orangeriekulturen damals durchaus gängig war. So sind hier die Zitrusbäume als reales Abbild des Geschlechts der Schwarzburger inszeniert.[88]

Mit dem um 1710 errichteten Ruhmestempel für Graf Günther XXI. von Schwarzburg, der 1349 zum König des Heiligen Römischen Reiches Deutscher Nation erwählt wurde und damit für die Schwarzburger den „Kaiser" in der Familie darstellte, unterstrich das 1710 gefürstete Haus sowohl seine königliche Abstammung als auch die damit verbundene fürstliche Ebenbürtigkeit. Die in diesen architektonischen Bedeutungszusammenhang untrennbar verflochtene Orangerie von Schwarzburg hatte also mit realer Präsenz in Kunst und Natur den fürstlichen Rang der schwarzburgischen Familie zu demonstrieren. Die Zitrusbäume waren dort zum unverzichtbaren Requisit der höfischen Selbstdarstellung des Hauses Schwarzburg im Rahmen des Gesamtkunstwerks Orangerie und Kaisersaal Schwarzburg geworden.

Helmut-Eberhard Paulus

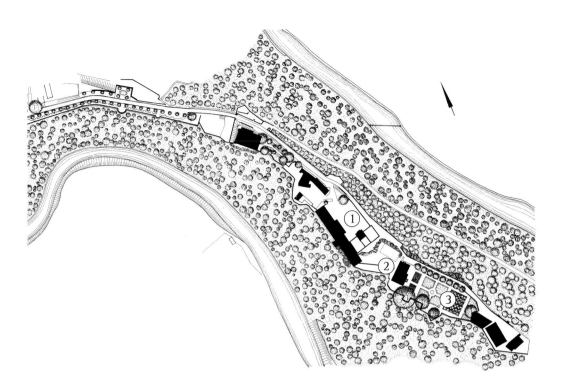

Lageplan

1 Schloss Schwarzburg
2 Kaisersaalgebäude
3 Garten mit Orangerieparterre

Schloss Sondershausen

Seite 114:
Lorbeerhochstämme
vor dem Eingangs-
bereich des
Westflügels

Die Orangerie von Sondershausen im 18. Jahrhundert – ein Paradies- und Liebesgarten

Im heutigen baulichen Bestand von Schloss Sondershausen ist die einst viel gerühmte Orangerieanlage der Barockzeit nur noch in Rudimenten durch das Achteckhaus und den so genannten „Orangerieparkplatz" nachvollziehbar. Einst umfasste die Orangerie jedoch den gesamten Südteil des unter Fürst Christian Wilhelm (1666–1720) angelegten Sondershäuser Lustgartens und prägte diesen sowohl gestalterisch als auch programmatisch. Der barocke Lustgarten erstreckte sich nicht nur auf die Fläche des heute als Lustgarten bezeichneten Parterres vor dem Westflügel des Schlosses, sondern umfasste auch den Bereich der Theaterwiese, des Marstalls, des Wagenhauses und Marstallplatzes bis hin zum Achteckhaus. Letzteres bildete für die gesamte Anlage den abschließenden gestalterischen Blickpunkt. Mit einbezogen in die Lustgartenanlage und von besonderer Bedeutung war auch der terrassenartige Geländesprung zwischen dem tiefer gelegenen Lustgarten und der oberen Terrasse, auf der später Theater und Marstall ihren Platz finden sollten. Der Geländesprung bot einen südwärtigen Hang, der gärtnerisch ideal nutzbar war und daher den klimatisch besonders anspruchs-

Westflügel des
Schlosses mit
Lustgarten davor

115

vollen Pflanzen des Lustgartens und den Küchengärten vorbehalten war. Später, ab etwa 1785, wurden dort auch Ananashäuser angesiedelt. Noch bis 1851 sollte dieser Bereich als Teil der Hofgärtnerei für die empfindlichen Gewächse eine besondere Rolle spielen. Im 18. Jahrhundert war dort ein großer Teil der Orangeriebestände aufgestellt. Mit dem Marstallbau 1847/49 aber wurden größere Teile der Küchengärten einschließlich der Ananasgärten dort aufgelassen, 1852 schließlich auch die letzten Teile in die heutige Hofgärtnerei westlich des Jägerhauses verlegt. Es ist daher nicht leicht, sich heute anhand der historischen Überlieferung, der spärlichen Quellen und des rudimentären baulichen Bestands noch ein umfassendes Bild von der einst viel gerühmten fürstlichen Gartenkultur des 18. Jahrhunderts in Sondershausen zu machen. Immerhin erwähnt Günther Lutze ausdrücklich die hohe Gartenkultur Sondershausens im 16. und 17. Jahrhundert, die damals einen ausgesprochen guten Ruf genossen habe.[89]

Die Entstehung des barocken Lustgartens von Sondershausen ist aufs Engste mit der Persönlichkeit des Grafen, seit 1697 Fürsten Christian Wilhelm von Schwarzburg-Sondershausen verbunden. Der 1647 geborene Sohn des Grafen Anton Günther I. und der Gräfin Maria Magdalene, einer gebürtigen Pfalzgräfin zu Birkenfeld, genoss eine umfassende Bildung, die

er mit seiner Kavalierstour zu den bedeutendsten Höfen Europas abschloss. Obwohl schon 1670 zur Regierung gelangt, entfaltete er seine Aktivität im baulichen und gärtnerischen Bereich erst nach der Teilung des Territoriums 1683 und der damit gewonnenen ausschließlichen Zuständigkeit für die Residenz Sondershausen. Die Erhebung zum kaiserlichen Pfalzgrafen 1691 und schließlich in den Reichsfürstenstand 1697 sollte der Anlass für zahlreiche bauliche und künstlerische Unternehmungen werden. So entstanden um 1700 auch der barocke Lustgarten, 1702 das Orangeriehaus und 1709/10 schließlich das Achteckhaus, das Letztere übrigens gleichzeitig, fast in Konkurrenz zum Ausbau des Schwarzburger Orangeriegebäudes zu einem repräsentativen Ahnen- und Kaisersaal. Dass der Sondershäuser Lustgarten mit seinen Orangerien besonderes Aufsehen erregte, beweist die Beschreibung der Anlage durch Georg Henning Behrens 1703 in seinem Buch „Herzcynia Curiosa".

Heute ist man im Wesentlichen auf diese Beschreibung und die Darstellung in der Schedensack'schen Kopie einer älteren Ansicht von 1751 angewiesen, um vom ehemaligen Sondershäuser Lustgarten eine Vorstellung zu bekommen.[90] Am südlichen Rand der Anlage dominierte das große Walmdachgebäude des Orangenhauses,[91] das später als Lorbeerhaus überliefert ist und das damals von weiteren Treibhäusern flankiert war. Ihm vorgelagert war auf trapezförmigem Grundriss und nach Norden schmäler werdend, der durch einen Kreuzweg gegliederte Garten auf der unteren Terrasse. In dessen Nordwestecke erhob sich das in die Hanganlage zum oberen Garten integrierte Achteckhaus. Auf dieses führte eine Allee zu, die zugleich als westliche Begrenzung des Lustgartens diente. Östlich des Lustgartens bildete die 1666 errichtete Reithalle den Abschluss, ein zweigeschossiges Gebäude mit der Reitbahn im Erdgeschoss und Aufenthaltsräumen im Obergeschoss. Der Reitbahn, bisweilen auch irreführend als Reitstall bezeichnet, war ein Sandplatz vorgelagert, der eine angemessene Distanz zwischen Reitbahn und

Lustgarten schuf und im 19. Jahrhundert zum Exerzierplatz werden sollte. Nördlich des Parterres, bereits oberhalb des Hanges, befand sich im oberen Gartenteil ein Heckenkabinett mit einer Mailbahn. Als 1764 die Reithalle für den neuen Westflügel des Schlosses abgerissen wurde, fand die Reitbahn ihren neuen Platz dort in einem Gebäude auf dieser Mailbahn. Der obere Teil des Lustgartens erfuhr so bereits 1764 wesentliche Veränderungen. Die zwischen den Terrassen liegende Hangzone bildete bis zur Errichtung des Marstallgebäudes 1847/49 einen dem Achteckhaus zugeordneten Orangerie- und Küchengarten. Der Mangel seiner bildlichen Überlieferung muss heute umso bedauerlicher erscheinen, als die dortigen „hängenden Gärten" sicher zum interessantesten Bestandteil der Sondershäuser Gartenkultur des 18. Jahrhunderts gehörten. Am längsten erhalten blieb allen Überlieferungen zufolge das auf das Orangeriehaus ausgerichtete Parterre im unteren Teil, wo sich offenbar ein weiterer Schwerpunkt der viel gerühmten Sondershäuser Orangeriegärten herausbildete. Die Binnengliederung dieses Gartens wurde durch eine im Zentrum des Kreuzwegs sich erhebende Fontäne bestimmt. Die Nordsüdachse des Gartens war zugleich als Mittelachse auf das Orangeriehaus ausgerichtet, einen beherrschenden Walmdachbau mit hoch dimensionierten Rundbogenfenstern. Als eigenwillig erwies sich damit die Anordnung des Parterres nördlich, statt üblicherweise südlich des Orangeriehauses, ein Umstand, der wohl der geographisch beengten Situation ebenso wie der geschickten Nutzung mikroklimatischer Vorteile des schützenden Südhangs zwischen den Gartenterrassen geschuldet war.

In seiner Bedeutung lässt sich der barocke Sondershäuser Lustgarten nur erfassen, wenn man die gestalterische Einheit aus Orangeriehaus und Achteckhaus erkannt und der jeweiligen Funktion im Garten als Lusthaus und Winterungsgebäude zugeordnet hat. Gartenbaugeschichtlich ist die Sondershäuser Anlage ein typisches Kind der Zeit, wobei sie überwiegend den konservativen Vorstellungen verhaftet blieb.

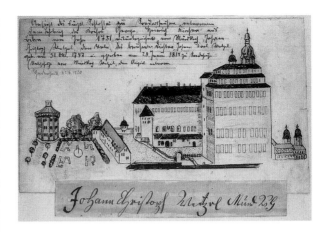

So zeigt die Anlage zwar durchaus axiale Bezüge, jedoch bleiben die Kompartimente des Gartens, wie Parterre und Heckenquartier, Achteckhaus und Orangeriehaus, eher nebeneinander gesetzt als durch eine Achse systematisiert oder gar im hochbarocken Sinne hierarchisiert. Den gestalterischen Mittelpunkt der durch die Hangzone zweigeteilten, nahezu terrassierten barocken Anlage bildete zwar das Achteckhaus, doch andererseits war der parterreartige südliche Teil des Lustgartens mehr auf das dortige Orangeriehaus bezogen. Der Nordteil mit der Mailbahn bildete auf der erhöhten Terrasse bis 1764 stets ein von Hecken gefasstes Eigenleben. Die Gartenteile westlich des Achteckhauses (dort entstanden später die jüngeren Ananashäuser und die Hofgärtnerei) waren gestalterisch wohl noch gar nicht in die Anlage mit einbezogen, sodass das Achteckhaus den prospektmäßigen Abschluss im Westen der Anlage bildete. Am deutlichsten wurde ein axialer Bezug noch in der den Lustgarten westlich beschließenden Allee, die eindeutig auf das Achteckhaus fluchtete. Man kann daher schließen, dass das Achteckhaus in der seit etwa 1700 sukzessive entstehenden Anlage des Sondershäuser Lustgartens so etwas wie das gestalterische Zentrum bilden sollte, und damit eine Funktion übernahm, die auch in der ikonologischen Ausstattung des Gebäudes eine Bestätigung findet. So ist das Achteckhaus im Innern eine Tholos, ein Rundtempel, der der Göttin Venus gewidmet ist, und mittels seines ikonologischen Programms in ver-

117

cher Festsaal war, bestimmt. Die außergewöhnliche Bedeutung des Sondershäuser Lustgartens liegt wohl weniger im Gartenplan oder in der Einzelarchitektur als in der hoch entwickelten Pflanzen- und Orangeriekultur begründet, die sich um 1785 dem neuen Schwerpunkt der Ananaszucht widmen und so bis in das 19. Jahrhundert ihre Wirkung entfalten sollte. Das Besondere der Sondershäuser Orangerie in der ersten Hälfte des 18. Jahrhunderts aber bestand zweifellos darin, dass sie den gesamten barocken Sondershäuser Lustgarten dominierte. Ursache hierfür mag die Festlegung auf das Programm eines Liebes- und Paradiesgartens gewesen sein, den die Orangerie sinnvoll ergänzen konnte. Die Orangerie wiederum fand ihre ideale Ergänzung im Achteckhaus als einem Lusthaus, das unzweideutig als Liebestempel ausgezeichnet war. Dieses letztlich auf humanistischen Vorstellungen basierende Programm wurde bestätigt durch den in den Innenraum des Achteckhauses gekehrten Rundtempel zu Ehren der Göttin Venus, ferner durch deren anschaulichen programmatischen Einsatz entsprechend der neuplatonischen Philosophie nicht nur als Göttin der Liebe, sondern auch als Herrin der Gärten und Schutzpatronin der erwachenden Natur. Es scheint bezeichnend, dass die in der zeitgenössischen Literatur vielfach erwähnte, hoch entwickelte Sondershäuser Gartenkultur in der allegorischen Dimension ihrer Architektur zu einer orangeriebezogenen Programmatik von geradezu einmaliger Eindeutigkeit fand. Vom Orangenhaus bis zu den „hängenden Gärten" und später auch den Ananasgärten bildete die Synthese aus Paradies-, Liebes- und Lebenssymbolik und fürstlich-dynastischer Selbstdarstellung den maßgeblichen gestalterischen Faden.

Helmut-Eberhard Paulus

schiedenen mythologischen Szenen und metaphorischen Sinnbildern deren Bedeutung als Göttin der Liebe, aber auch als Schutzherrin der Gärten unterstreicht. Auch die Nutzung als Karussell ist in diesen Bedeutungszusammenhang – etwa in der Variante des Liebesreigens – eingebunden. Den Eingang zum Lustgarten vom Schlosshof her bildete übrigens ein von Lutze erwähntes Prunkportal mit Statuen des Bildhauers Sixtus Grundmann. Der Standort dieses Portals kann heute nicht mehr exakt lokalisiert werden, darf aber in der Nähe der Reithalle, wohl als Begrenzung zum Sandplatz vermutet werden. Die figurale Ausstattung dieses Portals dürfte das ikonologische Pendant zum Achteckhaus gebildet haben.

Der Sondershäuser Lustgarten um 1700 war also ein typischer Paradies- und Liebesgarten und wurde hierbei von einem klassischen Kreuzwegparterre, dem Achteckhaus als Lusthaus, das zugleich als Karussell diente, und dem Orangeriehaus, das auch Überwinterungsgebäude für die südländischen Pflanzen und sommerli-

Die Entwicklung der Orangerien und weiterer Pflanzenhäuser seit dem 19. Jahrhundert bis in die Gegenwart

Die Fürsorge, Pflege und Weiterentwicklung des prächtigen Bestands an Orangeriepflanzen der Sondershäuser Orangerie war zu Beginn des 19. Jahrhunderts eng mit dem Namen der Hofgärtnerfamilie Schäfer verbunden. Schon der Vater, Adolph Schäfer (gest. 1823), war als langjähriger Hofgärtner für den kleinen barocken Schlossgarten, über den heute nur wenig bekannt ist, und die nicht geringe Anzahl an Kübelpflanzen verantwortlich. Sein Wissen um die Vorlieben und Krankheiten seiner Gewächse gab er, wie zu dieser Zeit üblich, an seine beiden Söhne weiter, die ebenfalls in den Rang eines Hofgärtners aufstiegen. Als er 1818, wohl aus Altersgründen, in den kleineren Garten nach Ebeleben versetzt wurde, trat sein Sohn, Carl Schäfer (gest. 1845), seine Nachfolge in Sondershausen an.[92] Dessen jüngerer Bruder, Günther August Carl Schäfer (gest. 1874), unterstützte den Vater in Ebeleben und übernahm dort als Kunstgärtner ab 1822 dessen Posten.[93]

Carl Schäfer machte in Sondershausen besonders durch seine erfolgreiche Ananaszucht auf sich aufmerksam. Die Zucht und Kultur der Ananas war ein besonderer Zweig der Hofgärtnerei des Schlosses, der nicht unbedingt zur klassischen Orangeriekultur gerechnet werden kann. Dennoch verdient dieses Spezialgebiet der Sondershäuser Hofkultur besondere Aufmerksamkeit, da Sondershausen eine sehr lange und in großem Umfang betriebene Ananaskultivierung vorweisen kann. Im etwa 75 Kilometer entfernten Weimar erfuhr der geschäftüchtige Verleger und Unternehmer Friedrich Justin Bertuch (1747–1822) davon und besuchte 1820 den Schlosspark. „Ich war vorigen Sommer in Sondershausen, und besuchte den fürstlichen Garten, der von lange her schon wegen seiner vortrefflichen Ananas-Cultur in hohem Rufe stand, fand die Ananashäuser des Herrn Hof-Gärtners Schäfer in sehr gutem Stande, und mit starken Früchten besetzt."[94]

Die Ananas aus der Gattung der Bromelien, in Südamerika beheimatet, wurde gegen Ende des 17. Jahrhunderts in Europa eingeführt.[95] Anfangs dürfte jedoch der exotische Zierwert der Pflanze vor der Fruchtgewinnung im Vordergrund gestanden haben. Im benachbarten Ebele-

ben wurde zum Beispiel bereits 1737 eine einzelne, fruchtende Ananaspflanze in einem Topf ‚porträtiert'. Ebeleben war von 1721 bis 1750 Sitz von Prinz August I. von Schwarzburg-Sondershausen (1691–1750). Er unterhielt hier mit seiner Gemahlin, der Prinzessin Charlotte Sophie von Anhalt-Bernburg (1696–1762), einen kleinen Hof.[96] Die dargestellte Ananas war als „beste u[nd] schönste Ananas unter 17" ausgewählt worden. Die erste Ananas in Deutschland wurde in Leipzig und auch in Schwöbber in Niedersachsen gezogen. Während im Schlosspark Sanssouci in Potsdam erste Kultivierungen ab 1760 nachgewiesen sind und seit 1785 ein eigenes Ananasrevier vorhanden war,[97] könnten erste Ananasfrüchte, wie schon 1737 in Ebeleben, auch in Sondershausen gezogen worden sein. Ganz sicher aber begann man in Sondershausen vor 1782 erfolgreich Ananas zu ziehen. Schon 1785 wurden Ananasfrüchte neben calabrischen Zitronen an den sächsischen Hof als Geschenk übersandt.[98]

In jedem Fall bedurfte die Wärme liebende Ananaspflanze speziell konstruierter Gewächshäuser oder Treibkästen. Neben ausreichend hoher Lufttemperatur und -feuchte ist die Wärme des Bodens einer der über Erfolg oder Misserfolg entscheidenden Faktoren. Die Häuser waren daher in der Regel nach Südosten ausgerichtet und besaßen ein Hochbeet, auch Lohbeet genannt, das durch die Zersetzung von frischem Mist von unten erwärmt wurde. Später erfolgte die Erwärmung durch in die Beete eingezogene Wasser- oder Kanalheizungen. Diese Beete reichten bis knapp unter die Glasdächer der Häuser, um eine möglichst hohe Licht- und Wärmeausbeute zu erreichen. Im so genannten Orangeriegarten in Sondershausen war um 1820 oberhalb der Orangerie beim Achteckhaus ein etwa 19 Meter langes und 5,50 Meter breites Ananasgewächshaus vorhanden, das von zwei Sommerkästen mit einer Größe von etwa 10 x 2,80 Meter flankiert wurde. Das Gewächshaus war mit einer fest aufgemauerten Rückwand und einem Sonnenfang, einer besonderen, gewölbten Dachkonstruktion, ausgestattet. Die Fenster waren von grünem Glas, von dem man sich versprach, dass es die Intensität der Wärmeeinstrahlung verringerte.[99] In dem von Fürst Hermann von Pückler-Muskau angelegten Park in Branitz hatte man zu späterer Zeit Ananashäuser mit blauem Glas errichten lassen.

Von der Jungpflanze, der so genannten Kindel, bis zur Reife der Frucht benötigt eine Pflanze in der Regel drei Jahre. In den unteren Blattachseln setzt die reife Ananaspflanze Mitte September bereits junge Schößlinge an, die für die neue Generation sorgen. Ebenso eigneten sich für die Vermehrung die von den verzehrten Früchten abgeschnittenen Kronen. Über den ersten Winter wurden diese jungen Pflanzen nach der Wurzelbildung in einen Mistbeetkasten gepflanzt. Im März des folgenden Jahres schnitt man die Wurzeln wieder ab und setzte die Pflanzen in einen tieferen und mit Pferdedung und Laub bestückten Kasten, der sich auf 28 °C erwärmen sollte. Nach acht Tagen wurden die Pflanzen das erste Mal angegossen und dann bis Oktober jeden Morgen überbraust. Der Kasten wurde bis Juni leicht beschattet, dann häufiger gelüftet und befeuchtet. Nach diesem ersten Jahr wurden die Pflanzen Anfang Oktober wiederum entwurzelt und zu vier bis fünf Stück in Töpfe gepflanzt und in das Ananasgewächshaus eingeräumt. Im Frühjahr des zweiten Jahres erfolgte die gleiche Prozedur wie im ersten, nur dass den Pflanzen entsprechend ihrer Größe im Mistbeetkasten mehr Platz zugesprochen wurde. Diese Folgepflanzen entwickelten sich bis zum Oktober zu Fruchtpflanzen, worauf sie dann in das Lohbeet des Ananasgewächshauses gesetzt wurden. Im letzten Jahr musste ein komplizierter, auf Jahreszeit und Entwicklung der Pflanze angepasster Temperaturhaushalt des Bodens und der Luft im Haus beachtet werden. Wöchentlich wurde mit Kuhdung, Hornspänen oder „menschlichen Resten" gedüngt, und nach der Blüte bis zum Reifen der Früchte durften die Pflanzen bei Sonnenschein nur zwischen 9 und 10 Uhr morgens und gegen 16 Uhr nachmittags befeuchtet werden. Zusätzlich wurden Wege und Wände des Gewächshauses mit Wasser bespritzt, um die Luftfeuchtigkeit zu erhöhen. Das Gießwasser musste dabei die Temperatur des Bodens, das Spritzwasser die Temperatur des Hauses haben.[100]

Die langwierige Mühe und geduldige Arbeit, die bis zum letztendlichen Genuss einer kostbaren Ananasfrucht notwendig war, erklärt die Bedeutung und Wertschätzung der Ananaskultur in dieser Zeit. Heute, beim schnellen Kauf einer importierten Frucht im Supermarkt, ist das kaum noch vorstellbar. Unter den europäischen Hof- und Handelsgärtnern im 18. und 19. Jahrhundert war beinahe ein Konkurrenzkampf ausgebrochen, wer wohl die größte, schwerste oder köstlichste Ananas zu ziehen vermochte. Der Hofgärtner Carl Schäfer, vom Verleger Bertuch auf seine erfolgreiche Ananaszucht angesprochen, beschrieb 1822 in der „Fortsetzung des Allgemeinen Teutschen Garten-Magazins" detailgetreu seine Anbaumethode. Eigentlich hatte Bertuch von Schäfer das Gewicht seiner schwersten Ananasfrüchte wissen wollen, da ihm der Bericht von Ludwig Sckell junior, Hofgärtner in Weimar, zugegangen war, wonach diesem wiederum auf einer Englandreise bei der Besichtigung der Ananastreiberei des Marquis von Herford in Ragen-Hall versichert worden war, dass dort bis zu elf Pfund schwere Früchte geerntet würden. Schäfer hatte berechtigte Zweifel an der Wahrhaftigkeit dieser Aussage und wog daraufhin in den kommenden beiden Jahren seine Ananasfrüchte. Mit „2 Pfund 22 Loth" war im Jahr 1822 bezeichnenderweise eine „Englische Ananas" die schwerste Frucht. Entscheidend für den Geschmack oder die Qualität einer Ananas war aber weniger das Gewicht und die Größe der Frucht, sondern vielmehr die Anzahl der kleinen Segmente an der Schale, die auch Beeren genannt und in einer Reihe übereinander gezählt wurden. Eine Frucht mit vier Beeren galt zum Beispiel eher als schlecht, während fünf bis sechs Beeren eine mittelmäßige Qualität anzeigten.[101] Das Bestreben eines guten Ananasgärtners ging dahin, Früchte mit acht bis zwölf Beeren zu ziehen. In Sondershausen zog

Carl Schäfer immerhin Ananasfrüchte mit neun Beeren.

Unter der Anleitung der Nachfolger des Hofgärtners Schäfer konnte die Bedeutung der Ananas für den Sondershäuser Hof bis zum Ende des 19. Jahrhunderts noch gesteigert werden. Während 1821 noch 180 bis 200 Pflanzen gezogen wurden, stieg die Anzahl der verkauften Früchte im Jahr 1881 auf beachtliche 1 140 Stück. Damit hatte sich der Verkauf der Ananasfrüchte zum einträglichsten Einnahmezweig der Hofgärtnerei entwickelt, denn diese wurden nicht nur an die Hofküche abgegeben, sondern auch an Konditoren oder vermögende Privatleute verkauft. Allerdings wurde die Kultivierung der Ananas 1883 auf fürstlichen Befehl ohne ersichtliche Gründe ganz eingestellt.[102]

Mit dem Regierungsantritt Fürst Günther Friedrich Carls II. von Schwarzburg-Sondershausen (1801–1889) im Jahr 1835 sollte die Umgestaltung des barock geprägten Schlossparks zum englischen Landschaftsgarten erfolgen. Im Besonderen wirkten der Hofbaurat Carl Friedrich August Scheppig, ein Schinkel-Schüler aus Berlin, und Garteninspektor Dr. Tobias Philipp Ekart aus Bayreuth an der klassizistischen Ausgestaltung der gesamten Residenz. Der Park wurde um die talseitigen, sumpfigen Wiesen unterhalb des Schlossbergs bis zum Fluss der Wipper erweitert, wo nach der Planung Ekarts ab 1836 eine landschaftlich geformte Parkanlage mit „Lustplätzen" und Pavillons, mit zwei Parkseen und einem Blumengarten vor dem am Markt stehenden Prinzenpalais entstanden.

Mit der Berufung Ekarts nach Sondershausen wurde 1836 eine Garteninspektion gegründet, der er als Garteninspektor vorstand. Ihm oblag somit sowohl die „Oberaufsicht über sämmtliche Gärten in der Unterherrschaft", als auch die Leitung der neu anzulegenden Abschnitte. Der Hofgärtner Carl Schäfer wurde kurzerhand nach Ebeleben versetzt und sein jüngerer Bruder Günther August Carl Schäfer als Hofgärtner nach Sondershausen beordert. Die Anlage der landschaftlichen Parkbereiche im Tal war für Ekart

Ernst Gottlieb Dönicke, Ananaspflanze im fürstlichen Garten zu Ebeleben, 1737

allerdings mit einigen Problemen verbunden. Des Öfteren wurden, wie schon zum ersten Mal im Winter 1837, bereits fertig gestellte Gebiete durch das Hochwasser der Wipper zerstört und mussten noch einmal neu angelegt werden. Ob durch die intensive Beanspruchung Ekarts bei der Betreuung der Anlage der neuen Gartenteile unter diesen widrigen Umständen oder durch die Ermüdung der immer wieder verwendeten Kronen der Ananasfrüchte, wie Ekart selbst angibt, 1841 drohte die Ananaskultur ohne kräftigen Nachwuchs zusammenzubrechen. Er bot an, „zur Aquisition auserlesener Individuen von guter Art und Zucht" nach Potsdam und Berlin zu den dortigen Handelsgärtnereien zu reisen. Es schien zu dieser Zeit aber auch in anderen Bereichen der Hofgärtnerei ein gewisser Qualitätsverlust eingetreten zu sein. Schon in einer Anweisung (Resolution) des Fürsten zur Regelung der Zuständigkeiten zwischen der Kammer und dem Hofmarschallamt im Jahr 1840 wurden Maßnah-

Seite 123:

oben:
Ausschnitt aus
einem Gesamtplan
von Carl Eduard
Petzold, 1851

Mitte:
Ausschnitt aus
einem Gesamtplan
von Münch, 1847

unten:
Ausschnitt aus
einem Gesamtplan
von Tobias Ekart,
1840

men zur Verbesserung des Zustands der Orangerie und des Pflanzenbestands angedeutet.[103] Mit der Begründung, dass „die Fürstliche Gärtnerei in dieser Beziehung [unter der Aufsicht Ekarts über alle Bereiche; d. Vf.] nicht nur in der Kultur gehemmt wird und hinter den Gärtnereien und Orangerien anderer Residenzen weit zurückbleibt, sondern daß selbst dasjenige was bisher eine Zierde der Treibhäuser bildete und wodurch sich diesselbe immer ausgezeichnet haben, zu Grunde geht und gänzlich in Rückstand kommt. So namentlich ist unter der jetzigen Inspection die zeitige Erzeugung jungen Gemüses immer vermisst worden, da Blumen, besonders zur Decorirung der Zimmer, stets Mangel gewesen, die Ananaszucht ist nach des Herrn Bauinspector Dr. Eckart eignem Berichte in grossen Missstand gerathen und die Orangerie hat, wie der Augenschein lehrt, namentlich gelitten",[104] übertrug das Hofmarschallamt die Leitung und Aufsicht über die fürstliche Hofgärtnerei noch 1841 an den jüngeren Hofgärtner Schäfer.

Nachdem der neue Park 1840 nahezu hergestellt war, beabsichtigte Ekart, nun mit der Umgestaltung der das Schloss umgebenden Gärten nach seinem Entwurfsplan fortzufahren. Er hatte geplant, den Orangeriegarten[105] zwischen Orangerie südlich und Ananastreiberei nördlich an dieser Stelle beizubehalten und ihn zu einem „sich amphitheatralisch in Terrassen erhebenden Orangerieplatz" umzugestalten. Eingepasst zwischen dem von ihm zum „Hofgarten" umgestalteten Exerzierplatz und einem neuen „Lustgarten" westlich des Achteckhauses, bildete er „zwischen zwei völlig gleichförmigen Sammelplätzen, eine sehr angenehme Unterbrechung, die uns zugleich in die glänzendste Seite des Gartens versetzt und vor ermüdendem Einerlei schützt, wenn wir die hier hintereinander anschwellenden Reihen schöner Orangeriebäume (...) im gefälligen Contraste mit den sie umgebenden Gruppen einheimischer Baum- und Straucharten erblicken." [106]

Die Arbeiten gerieten aber vermutlich aus finanziellen Gründen ins Stocken und kamen dann ganz zum Erliegen. Den Abriss des Jägerhauses und des so genannten Hundezwingers westlich davon, eines kleinen, noch heute erhaltenen Fachwerkziegelbaus, genehmigte Fürst Günther Friedrich Carl II. nicht. Die weitere Umsetzung der Planung Ekarts, die einen Lustgarten in diesem Bereich des Gemüsegartens vorsah, wurde vollends durch den im September begonnenen Bau eines zweiten Orangenhauses zunichte gemacht.[107] Wie schon erwähnt, hatte sich der Zustand des Orangeriepflanzenbestands seit dem Amtsantritt Ekarts verschlechtert und war in der Anzahl inzwischen offensichtlich so stark angewachsen, dass ein zweiter Bau notwendig geworden war.[108] Im Haus waren zwei Abteilungen mit jeweils 17 Fenstern und je zwei „Circuliröfen" eingerichtet, um die Pflanzen gemäß ihren Anforderungen bei unterschiedlichen Temperaturen überwintern zu können. An der Nordseite befanden sich, wie in Orangerien üblich, eine Feuerungskammer, von welcher die Öfen in den beiden großen Pflanzenräumen beheizt wurden, zwei Holzkammern, eine Parkstube und eine weitere Kammer.

Die ältere Orangerie wurde fortan als Lorbeerhaus bezeichnet, was Rückschlüsse auf den Pflanzenbestand zulässt – Lorbeer (*laurus nobilis*) – der dort vermutlich hauptsächlich überwintert wurde. Die beiden westlich angebauten Gebäude wurden als Glas- und Treibhaus geführt und waren, wie auch das Ananasgewächshaus, mit einem gewölbten Sonnenfang ausgestattet. Vom Orangeriegarten durch eine Allee getrennt, war das Lorbeerhaus von einem kleinen Garten mit einer Hecke, Blumenbeeten, Rosenbögen und weiteren Treibkästen umgeben. Über den Orangeriegarten, der noch bis zum Bau des Marstalls 1847 bis 1849 bestand, lässt sich aufgrund weniger geschichtlicher Zeugnisse, wie Pläne oder Zeichnungen, bis heute wenig in Erfahrung bringen. Es ist lediglich bekannt, dass er vom Achteckhaus bis zum Theater und von der Reitbahn bis zur Lindenallee, die auf den Exerzierplatz führte, reichte. Außer dem Ananasgewächshaus und den -kästen befanden sich dort an

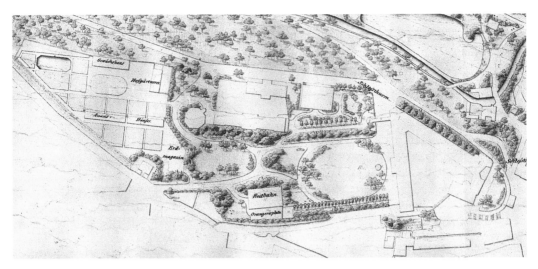

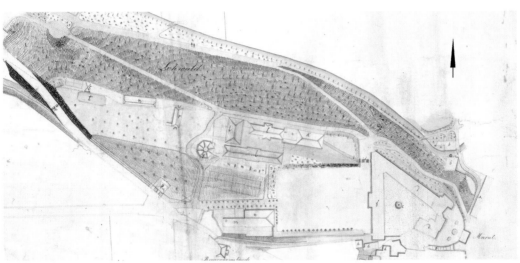

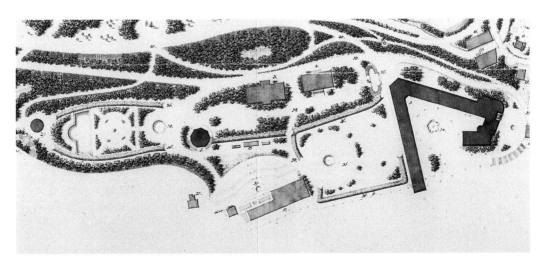

unbekannter Stelle ein Gartenhäuschen, ein Kindergarten mit zwei Pavillons und Beeten sowie fünf Statuen.[109]

Da über den barocken, also geometrisch gestalteten Garten des 18. Jahrhunderts und seine pflanzliche Ausstattung noch weniger nachweisbar ist, kann aufgrund späterer Inventare nur vermutet werden, dass besonders in Bezug auf die Kübelpflanzen hauptsächlich Zitruspflanzen, Zypressen, Feigen und Lorbeer aufgestellt waren. In der Beschreibung der Besonderheiten des Harzes von 1703, „Hercynia curiosa" genannt, wurde im Bericht vom Sondershäuser Lustgarten beschrieben, dass um ein Fontänenbecken in der Mitte des Gartens vier regelmäßige Quartiere entstanden waren. In den beiden Quartieren am Schloss wurde im südlichen im Sommer die Orangerie aufgestellt, und im nördlichen befand sich ein Irrgarten, in dessen Gängen „viel hundert gemahlte Töpfe mit raren Nelcken oder Reglein-Stöcken gesetzet werden". In einer Ecke des Lustgartens befand sich zu dieser Zeit bereits eine erste Orangerie, welche durch

das im Bau befindliche „Pomerantzen- oder Gewächs-Haus", das spätere Lorbeerhaus, ersetzt werden sollte, da sie zu klein geworden war. Besonders erwähnt wurden zu dieser Zeit erblühende Agaven, die man mit aufgeschossenem Spargel verglich.[110]

Mit dem Beginn der neuen, klassizistisch geprägten Gestaltungsphase des gesamten Schlossensembles und des Parks spielten der Blütenflor im Park und auch der Blumenschmuck in den Schlossräumen eine immer größere Rolle. Trotz des Baus des zweiten Orangeriegebäudes erforderten sowohl der immer noch anhaltende Platzmangel als auch spezielle Pflanzensammlungen den Bau weiterer Gewächshäuser. „Bei den gesteigerten Ansprüchen, die man im Allgemeinen an jeden Herrschaftlichen Garten macht, und die besonders in unserer Zeit von der Fürstlichen Hofhaltung auch an den hiesigen Fürstlichen Garten gemacht worden sind, stellt sich, soll diesen Ansprüchen einigermaßen wie es die Zeit erfordert Genüge geleistet werden, ein Mangel an Räum-

Eingangsbereich des Westflügels des Schlosses mit Kübelpflanzen

lichkeiten zur Gewinnung und Erhaltung der kleineren, schönblühenden Topfpflanzen heraus."[111] So beantragte Hofgärtner Schäfer 1843 je ein weiteres Warm-, Kamelien- und Vermehrungshaus, die als niedrige Erdhäuser errichtet werden sollten. Besonders für das Treiben von Blütensträuchern, wie Flieder, Schneeball oder Rosen, in kleinen Töpfen für den Winterblumenflor im Schloss fehlte es an einem geeigneten, warmen Gebäude. Um sich zu behelfen, hatten diese Pflanzen auf zahlreichen Fensterbrettern im Treibhaus und auf der Brüstung des Ananasgewächshauses Platz gefunden. Ein dicht gedrängter Zustand war eingetreten, der wiederum die anderen Pflanzenkulturen behinderte, bzw. die Krankheitsübertragung unter den Pflanzen förderte. Die Folge war, dass man unter den schlechten Bedingungen nicht nur die Pflanzen nicht zum Blühen brachte, sondern dass besonders die Kamelien Jahr für Jahr eingingen und die Hofgärtnerei ständig gezwungen war, neue Pflanzen nachzukaufen. Doch auch auf die nachgewiesene wirtschaft-

liche Notwendigkeit in den mehrmaligen und hartnäckigen Anträgen Schäfers, die vom Hofmarschallamt ausdrücklich unterstützt wurden, ging die Fürstliche Kammer aus finanziellen Gründen nicht ein und lehnte neue Gebäude in der Hofgärtnerei ab. Doch Schäfer fand später erneut Gelegenheit, die Missstände der Hofgärtnerei anzusprechen.

Durch die Aufgabe von Ekarts Planungsabsichten zur Gestaltung des Schlossbergs waren nun Stückwerk gebliebene Gartenräume und Nebengebäudeensembles, die aneinander gereiht keine übergreifende Komposition oder ein vereinendes Konzept erkennen ließen, übrig geblieben. Mit dem Umbau des Marstalls im Erdgeschoss des Westflügels zu repräsentativen Räumen war eine Umgestaltung des großen Exerzierplatzes unumgänglich. „Der Theil der Gartenanlage welcher der künftigen Wohnung der durchlauchtigsten Herrschaften am Nächsten liegt, nemlich das ganze Terrain auf dem Plateau des fürstlichen Schlosses kann so, wie es jetzt ist, nicht wohl bleiben, vielmehr muß dasselbe durchaus umgestaltet werden, soll die nächste Umgebung des Schlosses freundlicher werden."[112]

Der neue Marstall wurde von 1847 bis 1849 im Orangeriegarten, östlich des Achteckhauses und gegenüber der Reitbahn, errichtet. Das Ananasgewächshaus und mittlerweile vier Treibkästen mussten an dieser Stelle aufgegeben werden. Auch der Orangeriegarten war hinfällig geworden. Die Fürstliche Intendanz der Schlösser und Gärten schlug einen völlig neuen Entwurf zur Gestaltung der Umgebung des Schlosses zu einem neuen, dem Ort angemessenen Lustgarten vor. Da sie Ekart für nicht befähigt hielt, sollte Peter Joseph Lenné, der Königlich-Preußische Generalgartendirektor, nach Sondershausen berufen werden.[113]

Doch noch einmal wurde die Gestaltung aufgeschoben. Im Oktober 1847 bat Ekart um seine Pensionierung. So legte Schäfer 1848 ein Konzept zur Gestaltung bzw. Verbesserung der Hofgärtnerei und zur „Verlegung des Hofgartens" vor. Leider sind heute nur noch die schriftlichen Vorschläge Schäfers überliefert, in denen er scharfe Kritik an der „trostlosen Gestalt" der bestehenden Gartenanlagen in der Nähe des Schlosses übte. Zwei beigefügte Gartenpläne und eine Zeichnung der Gewächshäuser konnten bisher nicht aufgefunden werden. Seinen Äußerungen ist aber zu entnehmen, dass er die an verschiedenen Orten stehenden Gewächshäuser und Orangeriegebäude in einem Bereich konzentrieren wollte, um „eine vollkommen zweckmäßige Anlage [zu] bilden, um so mehr da manche bisher nicht zu beseitigende Uebelstände, als die (...) Beschädigungen und andere durch Menschen und Thiere herbeigeführte Nachtheile vermieden werden könnten, wenn das Ganze auf einem mäßig großen Raum beschränkt durch ein Spalier umgeben würde." Für „eine beßere, bequemere, dem Stande der jetzigen Treibhauskultur entsprechenden Einrichtung der Orangerie" sollten nach seinen Überlegungen sowohl das „hohe" Glas- und Treibhaus als auch „die Ananashäuser" verlegt werden. Gleichzeitig empfahl er, dort die Errichtung eines Orchideen- und

Palmenhauses sowie die Erbauung der beiden mehrfach von ihm beantragten Kamelien- und Vermehrungshäuser vorzunehmen. Das „große Gewächshaus oder Lorbeerhaus" sollte bestehen bleiben.[114] Eine Reaktion auf seine Vorschläge konnte nicht ermittelt werden, sie können jedoch als nicht allzu abwegig empfunden worden sein.

Carl Eduard Petzold (1815–1891), Großherzoglich-Weimarischer Hofgärtner, der zwei Jahre später, 1850, zur Vollendung der Gartenanlagen nach Sondershausen gebeten wurde, empfahl ebenso die Verlegung der Hofgärtnerei mit einem neuen Warmhaus und zwei neuen Ananasgewächshäusern in den Bereich der zweiten Orangerie westlich des Jägerhauses. Glas- und Treibhaus sollten abgebrochen, das Lorbeerhaus zu einer neuen Reitbahn umgewandelt werden. „Der Anschlag III umfasst die Einrichtung des hintern Jägerhauses und an dem Abhange über der Nordhäuser Chaussee befindlichen Terrain zur Hofgärtnerei, welche von den eigentlichen Parkanlagen gänzlich abgeschlossen wird. Dahin kommen die neuen zweckmäßiger eingerichteten Ananashäuser, das Warmhaus und die Mistbeete, das Dach des großen hier stehenden Orangenhauses, in dem künftig alle Kalthauspflanzen untergebracht werden sollen, wäre auf der Südseite zu öffnen und statt dessen Fenster einzulegen, so dass es die nöthige Luft erhält." Vor der Orangerie schmückte nach seinem Entwurf ein schlichter Rasenspiegel den Garten, in dem weitere Küchengartenquartiere mit Beerenobst von neu angelegten Wegen umgeben und etwa 60 „Franzobstbäume zum Bepflanzen der Rabatten" untergebracht waren.[115] Der neue Lustgarten, mit einem großen Rasenspiegel mit einer Fontäne besetzt, wurde vom Schloss bis hin zum Achteckhaus gestaltet. Die strenge Lindenallee wurde bis auf einzelne Exemplare aufgelöst und durch eine leicht gebogene Auffahrt zum Schloss ersetzt. Noch heute findet sich linker Hand der Auffahrt, bevor sie auf das Rasenoval trifft, eine Linde dieser alten Allee.

Die Pläne Petzolds fanden die Zustimmung des Fürsten und wurden 1851 zur

Umsetzung befohlen. Da Petzold die Ausführung seines Entwurfs an Ort und Stelle nicht persönlich beaufsichtigen konnte,
empfahl er dafür die Anstellung des in
Eisenach tätigen Obergärtners Carl Arlt.
Arlt hatte seit 1843 in dem von Fürst
Pückler angelegten Park in Muskau gearbeitet und war später auf Vermittlung
Pücklers in schlesischen Gärten und in
der Lausitz beschäftigt gewesen. In Sondershausen wurde er 1851, vorerst befris-
tet, für zwei Jahre angestellt. Bereits nach
einem Jahr wurde ihm aufgrund seiner
geschickt angedeuteten Aussicht auf eine
andere Stelle die Festanstellung angeboten. Das Hofmarschallamt, vollauf zufrie-
den mit der bisher erbrachten Leistung
Arlts, übertrug ihm damit die Aufsicht
über die Parkanlagen und die Hofgärtnerei. So wurde ihm ein jährliches Gehalt
von 400 Talern sowie eine Erhöhung um
weitere 100 Taler nach einer Dienstzeit
von zehn Jahren zugesprochen. Schäfer
hingegen vereine nicht „die Eigenschaften des Landschaftsgärtners mit denen
des modernen Blumengärtners in sich"
und gehöre „noch der alten Schule" an.
Mit dieser Begründung wurde ihm die
Aufsicht über die Hofgärtnerei entzogen.
Seine Fähigkeiten hätten genügt als „(...)
fast alle Fürstlichen und öffentlichen
Gärten im Versailler Geschmack angelegt
waren und ziemlich außer aller Beziehung zur Blumengärtnerei standen, indem sie von dieser nicht weiter verlang-
ten, als Orangerie, Aloein [Agaven] pp.
Zu neuerer Zeit ist dies anders geworden. Während die Landschaftsgärtnerei
vom französischem zum englischen Geschmacke oder von der Kunst zur Natur
übergegangen und in wesentliche Beziehung zur Blumengärtnerei getreten ist,
hat auch diese einen nie geahnten Aufschwung genommen. Durchwandert man
die Gewächshäuser der Kunst- und Handelsgärtnereien, so wird man sich leicht
gewahr, dass sie sich keiner andern Aufgabe gestellt haben, als die überhaupt für
kulturfähig erachteten schönen Gewächse
aller Zonen zur höchstmöglichen Vollkommenheit zu bringen. Dies Ziel kann
jedoch nur erreicht werden, wenn der
Blumengärtner die jetzt unumgänglichen

wissenschaftlichen Fachkenntnisse be-
sitzt. Wir glauben annehmen zu dürfen,
dass der Hofgärtner Schäfer diesen Anforderungen nicht entspricht, wenigstens
zeigt dies der Zustand der hiesigen Hofgärtnerei."[116] Dies muss Schäfer umso
mehr getroffen haben, da er wiederholt
versucht hatte, besonders in Bezug auf
die zeitgemäße Blumengärtnerei die notwendigen Gewächshäuser errichten zu
lassen und den mangelhaften Zustand zu
verbessern trachtete. Allerdings hatte er
bei Pflege und Unterhalt des von Ekart
angelegten Parks wohl weniger ein glück-
liches Händchen. Dies geht aus einer
Äußerung Petzolds bei der Besichtigung
des Parks 1850 hervor: „(...) [der Park]
in Lenné'schen Geschmacke angelegt – allerdings sehr verwildert und in der letzten
Zeit von unkundiger Hand sogar entstellt
worden (...)."[117] Nach Auffassung des Hofmarschallamtes musste ein geeigneter
Garteninspektor in allen Fachgebieten der
Gartenkunst Vorzügliches leisten. In Bezug auf die Hofgärtnerei erwartete es:
„(...) alle für den Fürstl. Hof, den Park und
die Blumengärten nöthigen Blumen und
Decorationspflanzen zu ziehen, allein in
Betracht der neuerdings getroffenen und
noch intentirten Einrichtungen bezüglich
der Treibhäuser darf man nicht annehmen,
dass der angegebene Zweck [nur]
erfüllt werde, sondern man erwartet mit
Recht, dass die ganze Gartenkultur in ste-
ter Berücksichtigung der Zeitanforderun-
gen auf eine Stufe erhoben werde, wo sie
mit größeren Etablissements der Art wenigstens in qualitativer Hinsicht konku-
riren könne. (...)"[118]
Im Januar 1859 wurde Schäfer schließlich
nach Arnstadt versetzt und übernahm
dort die Stelle des Hofgärtners Groth.[119]
Damit endete die lange Schaffensperiode
der Hofgärtnerfamilie Schäfer in Sondershausen.
Doch zunächst wurde von ihm mit dem
bevorstehenden Abriss des Glas- und
Treibhauses, der angedachten Umnutzung
des Lorbeerhauses und der Neuerrichtung
eines Warmhauses eine Bestandsliste der
vorhandenen Orangeriepflanzen angefertigt.[120] Eine beachtliche Sammlung war
im Laufe von 150 Jahren zusammengetra-

gen worden. An die 300 Kalthauspflanzen, wie zum Beispiel 36 Lorbeerbäume,
63 Feigenbäume, 36 Orangenbäume, 34
Zypressen und 85 Neuholländerpflanzen
waren in Kübeln vorhanden. In Töpfen aus
Ton bereicherten beinahe 9 500 Pflanzen
den Bestand. Darunter war eine Unmenge
weiterer Zitrusarten, Kamelien, Fuchsien,
Hortensien, Pelargonien, Rosen, Nelken
und Aurikeln, um nur die wichtigsten
Gattungen zu nennen. Diese unermessliche Fülle von auffällig und schön blühenden Pflanzen musste sich nicht hinter
den großen Orangerien und Hofgärtnereien
von Weimar und Gotha verstecken. Hinzu
kamen an die 1 000 Warmhauspflanzen,
wie zum Beispiel Passionsblumen und Begonien, sowie annähernd 1 200 Ananaspflanzen.

Das Inventar gibt außerdem über die
damals üblichen Ausstattungsgegenstände
bzw. Geräte einer Orangerie Aufschluss.
So wurden, um die großen und schweren
Kübelpflanzen zu transportieren, in die

Kübel eiserne Haken eingehängt, in deren
Biegung „große Kübeltragebäume", also
Holzstangen, eingeschoben wurden, mit
denen die Kübel wie mit einer Sänfte
von mehreren Gartenarbeitern getragen
werden konnten. Für den Transport zum
Orangeriegebäude stand außerdem ein
„Gewächswagen" zur Verfügung. Aufgrund der begrenzten Haltbarkeit mussten von Zeit zu Zeit natürlich auch die
großen Holzkübel umgetopft werden, die
mit „weißer Firnißfarbe" gestrichen waren
und durch Eisenreifen zusammengehalten
wurden. Bei einer Größe der Pflanzen, die
bis an die vier bis fünf Meter Höhe erreichen konnten, war dies kein einfaches
Unterfangen. Nur mit Hilfe eines „Versetzbock[s] u[nd] Druckbaum[s]", einer
Konstruktion, mit der die Pflanze aus
dem Kübel gehoben werden konnte und
in einen neuen Kübel herabgelassen wurde,
war dies möglich. Allein für die Transportarbeiten des großen Sondershäuser
Pflanzenbestands standen neben den sie-

ben im Sommer und sechs im Winter angestellten Gärtnern zusätzlich noch 13 weitere Tagelöhner zur Verfügung.[121]

Im September 1851 wurde in dem zur neuen Hofgärtnerei bestimmten Gelände vorerst ein Nothaus für die Unterbringung der wärmebedürftigeren Pflanzen errichtet. Der Bau des endgültigen Warmhauses verzögerte sich bis 1854, weil man sich über die Konstruktion in herkömmlicher Holzbauweise oder zeitgemäßer Glas-Eisen-Konstruktion nicht einig war, und auch die Art der Heizung als neue Warmwasserheizung oder herkömmliche Ofenkanalheizung war aus Kostengründen strittig. Das Hofmarschallamt wurde angewiesen, bei anderen Hofgärtnereien Erkundigungen über deren Erfahrungen beim Gewächshausbau einzuziehen. So wandte man sich 1851 an Hofbaurat Strack in Berlin und, nachdem keine Antwort von dort kam, 1854 an Garteninspektor Wendland in den Königlichen Gärten in Hannover-Herrenhausen. Wendland antwortete im Juni und sprach sich für eine moderne Warmwasserheizung aus, denn die Wärme ist milder und weniger trocken und kühlt sich außerdem in den Röhren weitaus langsamer ab. Damit wird eine gleichmäßigere Ausheizung des Gebäudes erreicht, wenn man darauf achtet, dass die Kessel so angeordnet werden, dass keine Hitze in den Pflanzenraum eindringt. Ein weiterer Vorteil liegt darin, dass mit einer Warmwasserheizung die häufige Rauchentwicklung der Ofenheizungen vermieden wird und zudem durch die Verwendung von Koks zur Anheizung der Kessel die Kosten für Heizstoffe gesenkt werden können. Arlt war außerdem nach Berlin, Potsdam und Wiesbaden-Biebrich, einem landschaftlichen Park ab 1817 gestaltet für Herzog Wilhelm von Nassau, gereist, um sich dort das weithin bekannte Glashaus anzusehen. Die Kosten für das neue Warmhaus wurden mit etwa 3 500 Taler veranschlagt.[122]

Ehemalige Hofgärtnerei mit Kalt- und Warmhaus, dahinter Jägerhaus

Fürst Günther Friedrich Carl II. hatte sich schon 1852 entschlossen, das große Lorbeerhaus doch in seiner Funktion als Orangerie beizubehalten.[123] Einige Reparaturen waren schon durchgeführt worden, und die Kalthauspflanzen fanden nun weiterhin hier ihren Platz im Winter. Deshalb dachte man parallel über den Umbau des zweiten, kleineren Orangeriegebäudes zu einem Warmhaus nach. Arlt wurde um eine Stellungnahme gebeten. Er plädierte für letztere Lösung, bei der jedoch die schon von Petzold vorgeschlagene Öffnung des Dachs und der Ersatz durch Glas umgesetzt werden sollte. Arlt vermutete: „Das kleine Gewächshaus muß seiner Konstruktion nach hauptsächlich zur Überwinterung der im Sommer im Freien aufgestellten kleinen Orangerien bestimmt gewesen sein, denn die stehende Fensterwand machte bei ihrer unverhältnismäßigen Tiefe der Sonne bei ihrem günstigsten Stand nur den kleinsten Teil des Innenraumes zugänglich. Für die auch im Sommer unter Glas zu haltenden Pflanzen mußte deshalb bisher das aus alten Mistbeetfenstern zusammengesetzte provisorische Glashaus benutzt werden, das jetzt dem Zusammenfall nahe war." Zu verwenden wäre das Gewächshaus in seinem Zustand für die Zwecke der Hofgärtnerei allemal, so Arlt, jedoch nur mit dem Nachteil, dass Pflanzen darin verloren gehen, die in besser konstruierten Häusern leicht gedeihen würden. Als Mängel nannte Arlt neben fehlendem Licht, die Heizung durch zwei Öfen an der massiven Hinterwand, das Fensterglas von der schlechtesten und schwächsten Sorte, weshalb die Reparaturen niemals aufhörten. „Die Kultur von Orangerien hatte sich überlebt. Man erhalte sie nur noch, um sie nicht wegwerfen zu müssen. Dies war bereits bewußt geworden, als man das große Orangenhaus zu einer Reitbahn umbauen wollte. Da es nun doch Orangerie geblieben war, könnte es alles, was zu einer solchen gehört aufnehmen, weswegen es dazu keines weiteren Gewächshauses bedarf. Den Dekorationspflanzen für Gärten und Zimmer hingegen fehlten die notwendigen Häuser." Noch im Juni wurde der Auftrag zum Umbau des Gebäudes

erteilt. Zum ersten Mal kam eine Doppelverglasung zum Einsatz, von der man sich geringere Reparaturkosten und die Ersparnis von Fensterläden versprach.[124] Die neuen Ananasgewächshäuser wurden schrittweise unter Wiederverwendung von Material aus den alten Häusern errichtet. Das erste war schon 1851 begonnen worden, während das zweite Ananasgewächshaus mit einigen Änderungen und nach langwierigen Auseinandersetzungen zwischen Baumeister Bleichrodt und Garteninspektor Arlt 1853 vollendet wurde. Beide Häuser waren auf dem Terrassenniveau unterhalb des Geländesprunges, der sich vom Theater bis zur Hofgärtnerei zog, angeordnet. Nach wie vor wurden die Lohbeete mit Mist befüllt und so beheizt.

Das vernichtende Urteil Arlts über die klassische Orangeriekultur verdeutlicht einmal mehr den eingetretenen Wandel in der Pflanzensammlung im 19. Jahrhundert. Mit der Vielzahl von neu eingeführten, exotischen Pflanzen und den neuen Möglichkeiten der Technik bei der Bauweise von Gewächshäusern und besonders mit dem Fortschritt im Bereich der Heizung wurde es möglich, speziell die Wärme liebenden bis tropisches Klima benötigenden Pflanzen zu erhalten und zu kultivieren. Doch die Kultur der Kalthauspflanzen wurde nie ganz aufgegeben. Gerade in dem repräsentativsten Bereich des Lustgartens, beim Eintritt vom Garten in den Westflügel, wurden beidseitig des Altans je vier kugelförmig geschnittene Lorbeer- bzw. Orangenbäume aufgestellt. Ihre Kronenhöhe stieg dabei zum Altan hin sanft an und gipfelte in eleganter, schlichter und einladender Weise in zwei großen und prächtigen Exemplaren. Vor der Gartenfassade des Westflügels im Lustgarten fanden die besonders großen Exemplare der Orangerie in zwei hintereinander folgenden Reihen ihre Aufstellung. Einerseits war der Lustgarten, wie bereits erwähnt, ein repräsentativer Gartenbereich am Haus, andererseits korrespondierten hier in für Sondershausen einzigartiger Weise Kübelpflanzen und Fassade miteinander. Die Pflanzen mussten dem nicht gerade kleinen Westflügel Entsprechendes an Gewicht und Masse entgegensetzen. Auf dem südlichen Platz vor dem großen Lorbeerhaus und vor dem umgebauten Warmhaus schmückten die anderen Sammlungen den Garten, allerdings ist zu ihrer Aufstellung Näheres nicht bekannt. Die später beliebten Palmen und Schmuckblattpflanzen fanden mehr in den Beeten oder im Rasen des Blumen- oder Theatergartens Verwendung.

Der von Carl Arlt erwartete Aufschwung in der Hofgärtnerei und Orangerie scheint eingetreten zu sein und bis in die achtziger Jahre des 19. Jahrhunderts angehalten zu haben. Auf mehreren Skizzen, die in den Hofmarschallamtsakten dieser Zeit nachweisbar sind, zeigt sich die enorme Entwicklung, welche die Hofgärtnerei bis 1888 nahm. Die Anzahl der um 1855 vorhandenen Häuser hatte sich beinahe vervierfacht. Zu den beiden Ananashäusern waren zwei weitere hinzugekommen, wovon eines bereits 1883 schon wieder abgebrochen worden war. Außerdem waren auf dem unteren Terrassenniveau des Ananasreviers[125] noch zwei „Wandhäuser" errichtet worden. Auf der oberen Ebene bildeten ein Vermehrungs-, ein Kalt-, ein kleines Warmhaus, ein altes und ein neues Erdhaus gemeinsam mit der Remise einen Hof westlich des Jägerhauses. Alle waren als Erdhäuser um etwa einen Meter in der Erde versenkt. Das Kalthaus und das kleine Warmhaus sind noch erhalten. Neben der Blumengärtnerei wurden in der zweiten Hälfte des 19. Jahrhunderts an Früchten vor allem Melonen, Weintrauben, Pfirsiche, Aprikosen, Erdbeeren, verschiedenes Beeren- und Steinobst, Feigen und natürlich Ananas kultiviert. Der Hofgarten lieferte außerdem zahlreiche Gemüsesorten, wie Spargel, Gurken, Salat, Kohl, Bohnen, Erbsen und Radieschen an die Hofküche. Aus einer 1888 angefertigten Lageskizze der Hofgärtnerei geht hervor, dass das 1854 umgebaute Orangeriegebäude in drei Abteilungen unterteilt worden war. Die mittlere Warmhausabteilung wurde von dem klimatisch kühleren Neuholländerhaus westlich und dem Kamelienhaus östlich eingefasst.[126] Mit dem 1883

von Fürst Karl Günther getroffenen Entschluss, die Ananaskultur einzustellen und auch keine Pflanzen oder Früchte mehr für den Verkauf zu ziehen, könnte man einen beginnenden Niedergang der Gartenkultur an der Sondershäuser Residenz vermuten. Gesichert ist, dass seit 1883 nur noch ausschließlich für den Bedarf der Hofhaltung gearbeitet wurde. Der Verkauf von Früchten, Gemüse, Zierpflanzen oder Gehölzen aus der Landesbaumschule an Private wurde eingestellt. Eine Skizze der Hofgärtnerei aus dem Jahr 1888 zeigt auch, dass der größte Teil der kleinen Erdhäuser schon nicht mehr genutzt wurde.

Doch 1895 wurde der Bau eines Palmenhauses in Glas-Eisen-Konstruktion genehmigt und 1896 begonnen. Dafür wurde offenbar nur das mittlere Warmhaus abgebrochen und der neue Bau in der gleichen Höhe von 5,80 Meter, aber einem Meter mehr in der Tiefe, eingebaut. Die Seitenwände der dadurch um einen Meter vortretenden Fassade wurden in diesem Bereich auch verglast. Das Palmenhaus erschien als gläserner Mittelpavillon mit einem Satteldach, der wahrscheinlich von zwei niedrigeren Gewächshausflügeln mit Pultdächern symmetrisch gerahmt wurde.[127] Das Palmenhaus ist noch erhalten, allerdings wurde es im Inneren stark verändert. Der Kamelienflügel wurde vermutlich in den fünfziger Jahren des 20. Jahrhunderts niedergelegt und ein Lagergebäude an dieser Stelle errichtet. Vom Neuholländerflügel ist noch die Rückwand erhalten, und an der Seitenwand des Palmenhauses lässt sich aufgrund von Putzresten noch gut die historische Bauform nachvollziehen.

Mit der Gründung des Landes Thüringen am 1. Mai 1920 trat auch in Sondershausen eine neue politische Situation ein. Die verbliebene Fürstin Anna-Luise von Schwarzburg-Sondershausen erhielt ein lebenslanges Wohnrecht im Schloss. Die Verwaltung von Schloss und Park wurde vorerst von der ehemaligen fürstlichen Verwaltung übernommen. Schon im darauf folgenden Jahr trug man sich mit der Absicht, die teuren Kübelpflanzen oder zumindest Einzelexemplare zu verkaufen und den Hofgarten zu verpachten. So wurden dem Palmengarten in Frankfurt am Main, den Gärten in Hannover-Herrenhausen und dem Palmenhaus in Leipzig einige Prachtexemplare von Dattelpalmen mit bis zu 7,50 Metern Höhe und andere Pflanzen angeboten.[128] Was mit dem restlichen Kübelpflanzenbestand geschah, ist nicht mehr nachvollziehbar.

Ein Teil der baulichen Substanz ist verloren gegangen, doch die noch vorhandenen Erdhäuser, das Palmenhaus und die erhalten gebliebenen Rückwände eines Ananasgewächshauses und zweier weiterer Pflanzenhäuser lassen die ehemalige Fürstliche Hofgärtnerei noch erahnen. Erst vor einigen Jahren wurde diese seit dem 16. Jahrhundert in Sondershausen verwurzelte Tradition mit dem Auszug der Stadtgärtnerei aufgegeben. Auf einem Teil des Geländes ist vor zwei Jahren ein Parkplatz errichtet worden. Mit dem begonnenen Ankauf von Kübelpflanzen nach dem historischen Inventar von 1851 wird diesem bedeutenden Aspekt der Sondershäuser Residenzkultur von neuem Leben eingehaucht. So ergänzen heute in Form geschnittene Lorbeerbäumchen in ihren weißen Kübeln vor dem Altan und weitere Pflanzen, wie Orangenbäumchen, Feigen und Myrten, die Gartenfassade des Lustgartens. Und auch in der ehemaligen Hofgärtnerei werden heute vor dem Palmenhaus wieder Palmen aufgestellt.

Catrin Lorenz

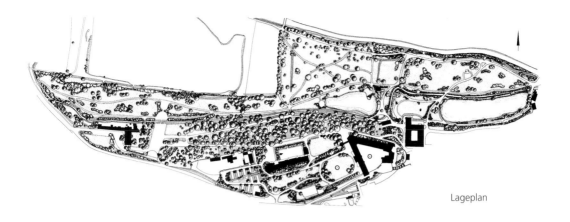

Lageplan

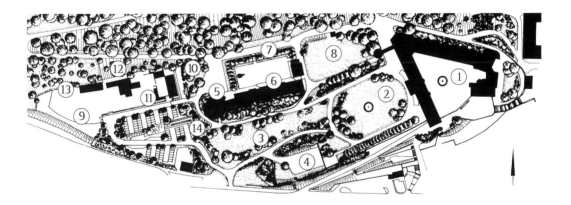

Lageplan, Ausschnitt

 1 Schloss
 2 Lustgarten, im 18. Jahrhundert barocker Lustgarten, in der ersten Hälfte des 19. Jahrhunderts
    Exerzierplatz, ab 1851 Lustgarten im landschaftlichen Stil
 3 Ehemaliger Orangeriegarten bis 1847/49, heute Lustgarten
 4 Standort der ehemaligen Orangerie von 1702, auch „Lorbeerhaus" genannt, mit Glas- und Treib-
    hausanbau, im Zweiten Weltkrieg zerstört, heute Parkplatz
 5 Achteckhaus
 6 Marstall, 1847 bis 1851 im ehemaligen Orangeriegarten errichtet, Standort des ersten nachge-
    wiesenen Ananasgewächshauses mit zwei Ananaskästen
 7 Standort der ehemaligem Reithalle bzw. Reitbahn
 8 Standort des ehemaligen Theaters, um 1700 Teil der Maille-Bahn, die sich bis zum Achteckhaus
    erstreckte, südlich davon ehemaliger privater Garten der Fürstenfamilie ab 1851, heute so
    genannter „Theatergarten"
 9 Ehemalige Hofgärtnerei, heute zum Teil Parkplatz
10 Jägerhaus, im 19. Jahrhundert Sitz der Hofgärtnerei bzw. Hofgärtnerwohnung
11 Kleines Kalt- und Vermehrungshaus
12 Ehemaliges Palmenhaus mit erhaltener Rückwand des Neuholländerflügels westlich und umge-
    bautem Kamelienflügel östlich, als zweite Orangerie 1840 errichtet
13 Hundezwinger
14 Standort der ehemaligen Ananasgewächshäuser und weiterer Gewächshäuser seit 1851, heute
    zum Teil Rückwände erhalten und zum Teil Parkplatz mit Zufahrt

1 Thüringisches Staatsarchiv Meiningen (ThStA Mng), Hofmarschallamt/Hofgärtnerei 556.
2 ThStA Mng, Hofmarschallamt/Hofgärtnerei 557, S. 69.
3 ThStA Mng, Hofmarschallamt 570, S. 82.
4 ThStA Mng, Hofmarschallamt 568.
5 ThStA Mng, Hofmarschallamt/Hofgärtnerei 557.
6 ThStA Mng, Hofbauamt 582.
7 ThStA Mng, Hofmarschallamt 67.
8 ThStA Mng, Hofmarschallamt 582.
9 ThStA Mng, Hofmarschallamt 67.
10 Günther Thimm, Die Parkanlagen von Schloss Friedenstein in Gotha, in: Helmut-Eberhard Paulus (Hg.), Paradiese der Gartenkunst in Thüringen, Regensburg 2003, S. 57ff.; Hans Herbert Möller, Gottfried Heinrich Krohne, Berlin 1956, S. 142–153 und S. 207ff.
11 Thüringisches Hauptstaatsarchiv Weimar (ThHStA We), Abt. Gotha, Immediate Angelegenheiten Hofgärtnerey, Sign. 1496, Die nach Absterben des Obergärtners Wehmeyers erfolgte Revision und resp. Besichtigung des Inventariums über die Orangerie und andere Treibhauß-Gewächse im Herzogl. Orangen-Garten Betr. 1814/1815, Bl. 47ff.
12 ThHStA We, Abt. Gotha, Immediate Angelegenheiten Hofgärtnerey, Sign. 1458, Inventarium über die Orangerie bey allhiesigen Herzogl. Orange- auch Friedrichsthals Garten wie solches den 22. August und folgende Tage 1781 aufgenommen worden.
13 Thüringisches Staatsarchiv Gotha (ThStA Gth), Oberhofmarschallamt 602, Acta den Herzogl. Orangen-Garten, die Gärten am Friedrichsthale und am Palais betr. 1832, 1833, 1843–1847, Vol. I, Inventar eingelegt.
14 G. Thimm, 2003, S. 57.
15 Vgl. Elisabeth Dobritzsch, Herzog Ernst I. von Sachsen-Gotha als Gärtner – sein Nutz- und Ziergarten in der Mitte des 17. Jahrhunderts, in: Gothisches Museums-Jahrbuch 2002, Rudolstadt/ Jena 2001, S. 75–100.
16 ThStA Gth, Amt Gotha 1007, Bl. 222f.
17 Vgl. Hugo Kleinsteuber, Die ehemals herzoglichen Gärten zu Gotha im Wandel der Zeiten, in: Rund um den Friedenstein, Jg. 17, Nr. 9, 940.
18 ThStA Gth, Oberhofmarschallamt 602, Acta den Herzogl. Orangen-Garten, die Gärten am Friedrichsthale und am Palais betr. 1832, 1833, 1843–1847, Vol. I, Bl. 5–7 Rs.
19 ThStA Gth, Oberhofmarschallamt 602, Acta den Herzogl. Orangen-Garten, die Gärten am Friedrichsthale und am Palais betr. 1832, 1833, 1843–1847, Vol. I, Bl. 23, Rs.
20 Vgl. Carl August Seidel, Ausführliche Anweisung zur richtigen Pflege und Behandlung großer Orangerien, aus eigenen langjährigen Erfahrungen, Dresden/Leipzig 1842, unveränderter Nachdruck, hg. von den Staatlichen Schlössern, Burgen und Gärten Sachsen, Dresden 2004.
21 Vgl. ThStA Gth, Geheime Kanzlei UU 41 Nr. 7, Vol. I.
22 ThStA Gth, Oberhofmarschallamt 602, Acta den Herzogl. Orangen-Garten und am Palais betr. 1832, 1833, 1843–1847, Vol. I, Bl. 52ff.
23 ThStA Gth, Herzogl. Schlosshauptmannschaft zu Gotha 621, Acta die bei der hiesigen Orangerie eingetretenen Wurzelfäulnis und die Heilung der Orangenbäume betr. 1855–1856, sowie die Einrichtung einer Kanalheizung betr., Bl. 5–11.
24 Vgl. Monika und Torsten Klock, Zitruspflanzen, München 2002, S. 77.
25 Vgl. ThStA Gth, Herzogl. Schlosshauptmannschaft zu Gotha 651, Acta – Herstellung eines Verzeichnisses über den Stand der Gewächse in den Herrschaftlichen Gärten zu Gotha betr. 1870, Bl. 3ff.
26 Vgl. ThStA Gth, Hofbauverwaltung 57 – Acten der Herzoglichen Hofbauverwaltung Gotha. Orangerie 1894–1906.
27 Gotthard Brandler, Eva-Mariá von Máriássy und Günther Thimm, Sommerpalais und Park Greiz (Amtlicher Führer der Stiftung Thüringer Schlösser und Gärten), München/Berlin 1998.
28 Helmut-Eberhard Paulus, Orangerie – Villa – Refugium. Zur Orangerie des Greizer Parkes, in: Der Greizer Park. Garten – Kunst – Geschichte – Denkmalpflegerische Konzeption (Berichte der Stiftung Thüringer Schlösser und Gärten, Bd. 3), München 2000, S. 23ff.
29 Thüringisches Staatsarchiv Greiz (ThStA Grz), Kammer Greiz, Kap. 9, Gärten, Nr. 4, Acta die Erbauung einer Treibhütte im Herrschaftl. Lustgarten betr. 1737, Bl. 3.
30 ThStA Grz, Kammer Greiz, Kap. 9, Gärten, Nr. 3, Ein Convolut versch. Literalien die Herrschaftl. Gärten betr. 1704–1843, Bl. 35; vgl. Friedrich Schneider, Veröffentlichungen des Thüringischen Staatsarchivs Greiz, 1924.
31 Clemens Alexander Wimmer, Von denen Lust- und Blumen-Bäumen. Das Kübelpflanzensortiment in Renaissance und Barock, in: Allerley Sorten Orangerie (Schriftenreihe des Arbeitskreises Orangerien in Deutschland e. V., Bd. 3), Potsdam 2001, S. 79.
32 ThStA Grz, Sammlung Olscher, Nr. 9, Bl. 15, „Gnädigst privilegirtes Greizer Intelligenzblatt, Freytag, den 31. May 1799".
33 ThStA Grz, Rechnungen Reuß ä. L., 1800, Belege zur Generalkassenrechnung, Nr. 4705, Bl. 143.
34 ThStA Grz, Rechnungen Reuß ä. L., 1807, Belege zur Generalkassenrechnung, Vol. X, Bl. 174, 1818, Vol. XI, Bl. 171.
35 Vgl. ThStA Grz, Kammer Greiz, Kap. 29, Bauwesen, Nr. 34, den Neubau des Warmhauses und Vergrößerung des Gewächshauses mit Einbau der Gärtnerwohnung im Obergreizer Garten betr. 1854–1856.
36 Günther Thimm, Der Greizer Park. Historischer Rückblick und gartendenkmalpflegerische Perspektive, in: Der Greizer Park, 2000, S. 14f.
37 Vgl. dazu auch Katrin Schröder, Die Verwendung der Orangeriepflanzen in den königlichen Anlagen Potsdams im 19. Jahrhundert, Vortrag anlässlich der Jahrestagung des Arbeitskreises Orangerien in Deutschland e. V. in Bad Muskau, 17. 9.–19. 9. 2004.
38 Vgl. ThStA Grz, Kammer Greiz, Kap. 29, Bauwesen, Nr. 116, den Neubau eines Warmhauses im Fürstlichen Park betreffend.
39 Vgl. ThStA Grz, Rechnungen Reuß ä. L., 1877–1880, Nr. 5452, 5450, 5458, 5463, 5470.
40 ThStA Grz, Kammer Greiz, Kap. 29, Bauwesen, Nr. 123, Acta, das Bauwesen im Fürstlichen Gewächshaus betr., 1881, Bl. 8–10.
41 ThStA Gth, Kammerarchiv Amt Molsdorf 300.
42 ThStA Gth, Kammerarchiv Amt Molsdorf 296.
43 ThStA Gth, Kammerarchiv Gotha 307.
44 ThStA Gth, Kammerarchiv Gotha, Amt Ichtershausen 995.
45 Ebenda.
46 ThStA Gth, Geheime Kanzlei YY III ᶜ⁾ 18.

47 ThStA Gth, Geheime Kanzlei UU 41 Nr. 7, Vol. 1.

48 ThStA Gth, Geheime Kanzlei UU 41 Nr. 7, Vol. 2.

49 ThStA Gth, Herzogl. Schlosshauptmannschaft zu Gotha 1027.

50 Johann Sigismund Elßholtz, Vom Garten-Baw. Oder Unterricht von der Gärtnerey auff das Clima der Chur-Marck Brandenburg, wie auch der benachbarten teutschen Länder gerichtet, Berlin 1684, S. 228.

51 Thüringer Landesmuseum Heidecksburg, 16.

52 Thüringisches Staatsarchiv Rudolstadt (ThStA Ru), Kammer Rudolstadt C XXIV 7, Nr. 14.

53 Gotthold Sobe, Johann Heinrich Meyer zeichnete in Rudolstadt, in: Rudolstädter Heimathefte, 1962, S. 274–277.

54 ThStA Ru, Kammer Rudolstadt, 5a, Nr. 16, Bl. 40.

55 Hans-Herbert Möller, Gottfried Heinrich Krohne und die Baukunst des 18. Jahrhunderts in Thüringen, Berlin 1956, S. 224f.

56 ThStA Ru, Karten Pläne Risse 2385.

57 H.-H. Möller, 1956, S. 225.

58 ThStA Ru, Kammer Rudolstadt, 5a, Nr. 16, Bl. 7.

59 ThStA Ru, Hofkasse Rudolstadt 83-1.

60 Danz und Zapfe, Architekten und Ingenieure, Rudolstadt, Garten Cumbach – Denkmalpflegerische Zielstellung, S. 29.

61 Thüringer Landesmuseum Heidecksburg, Gr. 143a/64.

62 Thüringer Landesmuseum Heidecksburg, Gr. 148/64.

63 Thüringer Landesmuseum Heidecksburg, BZ 139.

64 Thüringer Landesmuseum Heidecksburg, BZ 140.

65 ThStA Ru, Geheimes Ratskollegium Rudolstadt, B. VII, 4, a. Nr. 5.

66 ThStA Ru, Geheimes Archiv, Hofgärtnerei, B. VII, 4, a. Nr. 10.

67 ThStA Ru, Geheimes Archiv, Hofgärtnerei, B. VII, 4, a. Nr. 6.

68 ThStA Ru, Schlossarchiv Rudolstadt A.V., 5, Nr. 45.

69 ThStA Ru, Geheimes Archiv, Hofgärtnerei, B. VII, 4, a. Nr. 10.

70 ThStA Ru, Bauamt Rudolstadt 248.

71 ThStA Ru, Hofmarschallamt Rudolstadt 642.

72 ThStA Ru, Hofmarschallamt 647.

73 ThStA Ru, Hofmarschallamt 577.

74 ThStA Ru, Hofmarschallamt Rudolstadt 642.

75 Michael Schmidt, Der Schlossgarten von Schloss Wilhelmsburg in Schmalkalden, in: Helmut-Eberhard Paulus (Hg.), Paradiese der Gartenkunst in Thüringen, Regensburg 2003, S. 139–159.

76 Staatsarchiv Marburg (StA M), II Nr. 40 d. Hess. Kammer / x Schmalkalden Paket 412 (23.6.1602).

77 StA M, Rechnungen II Schmalkalden Amtsrechnung II Nr. 6 (1607, 1608 und 1617).

78 StA M, II Nr. 40 Hess. Kammer / x Schmalkalden 1585–1720 (28.3.1702) und 40 d. Hess. Kammer / x Schmalkalden Paket 409.

79 StA M, II Nr. 40 d. Hess. Kammer / x Schmalkalden Paket 412 (11.11.1603).

80 Ebenda.

81 Helmut-Eberhard Paulus, Orangerie und Kaisersaal von Schloß Schwarzburg (Amtlicher Führer der Stiftung Thüringer Schlösser und Gärten), München/Berlin 2002.

82 Zum Abbruch siehe ThStA Ru, B VII 6b Nr. 8; hierzu Ursula Koch, Der Kaisersaal in Schwarzburg, in: Rudolstädter Heimathefte, Jg. 17, 1971, S. 151 und Anm. 12.

83 Das Grabmal des Königs Mausollos von Halikarnass zeigt diese Dreiteilung aus Unterbau, Portikus und Pyramidendach.

84 Anschauliche Parallelen zeigen sich etwa zum Mausoleum Kaiser Ferdinands II. in Graz von 1614. Auch dort ist das Giebelmotiv mit drei Sta-

tuen besetzt und bildet eine Kontrastfolie vor dem dahinter liegenden Tambourbereich.

85 U. Koch, 1971, S. 151f.

86 Dieselbe, Kaisersaal Schwarzburg, München/ Zürich 1993, S. 8.

87 Dieselbe, 1971, S. 150.

88 H.-E. Paulus, 2002, S. 9–24.

89 Günther Lutze, Aus Sondershausens Vergangenheit, Bd. 1, Sondershausen 1905.

90 Hendrik Bärnighausen, Günther Thimm und Manfred Ohl, Schloß Sondershausen mit Park (Amtlicher Führer der Stiftung Thüringer Schlösser und Gärten), München/Berlin 1997, S. 17ff.

91 Grundfläche von 39 Meter x 22 Meter.

92 ThStA Ru, Hofmarschallamt 1489, Bl. 2.

93 ThStA Ru, Hofmarschallamt 1492, Bl. 2ff.

94 Friedrich Justin Bertuch (Hg.), Fortsetzung des Allgemeinen Teutschen Garten Magazins, oder gemeinnützige Beiträge für alle Theile des praktischen Gartenwesens, Weimar 1820, S. 118, aus: Melanie Staat, Die Ananas in Sondershausen, Praktikumsarbeit, Rudolstadt 2003, S. 15–19.

95 C. A. Wimmer, 2001, S. 80; Hinweise auf erfolgreiche Kultur in Paris, Holland und England.

96 Neu entdeckt. Thüringen – Land der Residenzen, Ausstellungskatalog der 2. Thüringer Landesausstellung in Sondershausen, hg. von Konrad Scheurmann und Jördis Frank, Bd. 2, Mainz 2004, S. 106.

97 Nichts gedeiht ohne Pflege. Die Potsdamer Parklandschaft und ihre Gärtner, 20. Mai – 19. August 2001, Ausstellungskatalog der Stiftung Preußische Schlösser und Gärten Berlin-Brandenburg, Potsdam 2001, S. 288–300.

98 H. Bärnighausen, G. Thimm, M. Ohl, 1997, S. 20.

99 Friedrich Justin Bertuch (Hg.), Fortsetzung des Allgemeinen Teutschen Garten Magazins, oder gemeinnützige Beiträge für alle Theile des praktischen Gartenwesens, Weimar 1822, S. 24–36: „Dieß ist das ganze Geheimniß hiesiger Ananaserde, worinnen jetzt sowohl, als auch schon vor 40 und mehreren Jahren Ananas gezogen worden.“ (S. 34); „Meine Fenster haben grünes Glas, das weiße brennt leicht mehr.“ (S. 33).

100 Walter Allendorff, Kulturpraxis der besten Kalt- und Warmhauspflanzen. Für Handelsgärtnereien und Privatgärtner, Leipzig 1895, S. 56–59.

101 L. F. Dietrich, Encyklopädie der gesamten niederen und höheren Gartenkunst. Eine ausführliche und auf die neuesten Erfahrungen begründete Darstellung der Obst-, Gemüse-, Blumen- und Landschafts-Gärtnerei, des Weinbaus und der Treiberei in allen ihren Formen (...), Leipzig 1860, S. 39.
ThStA Ru, Hofmarschallamt Sondershausen Nr. 519, Bl. 5–189.

102 ThStA Ru, Hofmarschallamt Sondershausen Nr. 519, Bl. 5–189.

103 ThStA Ru, Hofmarschallamt Sondershausen Nr. 501, Bl. 6, 15.

104 ThStA Ru, Hofmarschallamt Sondershausen Nr. 502, Bl. 1f.

105 Bezeichnung folgt dem „Hausinventarium der herrschaftlichen Gewächshäuser und der, in den dabei liegenden Gärten befindlichen Stakete, Thore, Mistbeetkasten etc: aufgenommen 1842“, siehe ThStA Ru, Hofmarschallamt Sondershausen Nr. 1063 (alt 282), Bl. 5–8; Apfelstedt spricht 1854 jedoch von Küchen- und Gemüsegärten im Bereich des 1847–1849 errichteten Marstalls: Heinrich Apfelstedt und Theodor Friedrich, Heimathskunde für die Bewohner des Fürstenthums Schwarzburg-Sondershausen, H. 1, Sondershausen 1854, S. 62; nach vorgenanntem Inventarium

befand sich der Gemüsegarten 1842 hinter dem Jägerhaus.

[106] Tobias Ekart, Betrachtungen über bildende Landschafts-Gartenkunst in einer erläuternden Beschreibung des fürstlichen Parks zu Sondershausen, Potsdam 1840, S. 11.

[107] H. Bärnighausen, G. Thimm, M. Ohl, 1997, S. 25.

[108] Vermutlich war damit auch „(...) die weitere Ausführung der Maßregeln, welche bereits von Fürstl. Cammer zu dem Zwecke eingeleitet worden sind, um die hiesige Orangerie in einen besseren Stand zu setzen (...)" von 1840 gemeint; vgl. ThStA Ru, Hofmarschallamt Sondershausen Nr. 501, Bl. 6, 15.

[109] ThStA Ru, Cammer Nr. 1063, Bl. 1ff., 5–8, 16–18; es wird aufgrund des Marstallbaus auch von dem aufzugebenden Blumengarten gesprochen.

[110] Georg Henning Behrens, Hercynia Curiosa oder Curiöser Hartz-Wald, Das ist Sonderbahre Beschreibung u. Verzeichnis derer Curiösen Höhlen, Seen, Brunnen, Bergen und vielen andern an- und auff dem Hartz vorhandenen denckwürdigen Sachen (...), Nordhausen 1703, S. 165–167.

[111] ThStA Ru, Hofmarschallamt Sondershausen Nr. 384, Bl. 1ff.

[112] ThStA Ru, Hofmarschallamt Sondershausen Nr. 527, Bl. 1.

[113] ThStA Ru, Hofmarschallamt Sondershausen Nr. 530, Bl. 1; Brief des Intendanten Geheimrat von Holleufer an den Fürsten vom März 1847: „daß ihm [Ekart] das Talent oder Genie eines Parkgärtners" abginge. „Auf einer Sandscholle", schrieb er weiter, „könnte er eine hübsch gewundene Anlage mit einigen Bosquetartig gepflanzten Sträuchern herstellen, allein das Gegebene richtig zu benutzen, um etwas Schönes zu schaffen, was die erste Aufgabe eines Parkgärtners ist, das versteht er nicht."

[114] ThStA Ru, Hofmarschallamt Sondershausen Nr. 501, Bl. 38–40.

[115] ThStA Ru, Hofmarschallamt Nr. 540, Bl. 22, 48–57.

[116] ThStA Ru, Hofmarschallamt Nr. 1249, Bl. 1–3: „(...) Mann (...), der, die Eigenschaften des Landschaftsgärtners mit denen des modernen Blumengärtners in sich vereinigend, nicht nur im Stande ist, für [die] Erhaltung der älteren und Herstellung der neueren Parkanlagen zu sorgen, sondern auch die Hofgärtnerei auf denjenigen Standpunkt zu bringen, den sie unter den gegebenen Verhältnissen einzunehmen berechtigt ist. Wir glauben nicht fehl zu gehen, wenn wir den seit einem Jahr hier beschäftigten Obergärtner Arlt als denjenigen bezeichnen, welcher den gestellten Anforderungen in jeder Beziehung genügt. Derselbe hat sich [in] beiden Fächern als tüchtiger Praktiker bewährt und durch seine Umsicht und Thätigkeit unsere ganze Zufriedenheit erworben. (...) Da wir nun in Erfahrung brachten, dass derselbe Aussicht habe, sich anderweit vortheilhaft zu placiren und sich dies bei Einsicht der betreffenden Papiere als richtig herausstellte, wir also befürchten müssen ihn für immer zu verlieren, so haben wir keinen An-

stand genommen, ihn über die Bedingungen zu hören, unter welchen er ein dauerhaftes Engagement einzugehen geneigt ist."; aus: M. Staat, 2003, S. 9.

[117] ThStA Ru, Hofmarschallamt Nr. 540, Bl. 24.

[118] ThStA Ru, Hofmarschallamt Nr. 1210, Bl. 27f.; aus: M. Staat, 2003, S. 9.

[119] Th StA Ru, Hofmarschallamt 1492, Bl. 10.

[120] Sibylle Hentschel, Orangerien in Thüringen, Diplomarbeit an der Fachhochschule Erfurt 1998, S. 207f.; „Verzeichniß des zur Fürstlichen Hofgärtnerei gehörigen beweglichen Inventarii; abgeschätzt von G. Schäfer." Die Quelle ist nicht angegeben und bisher nicht aufgefunden worden. Leider werden in dem Inventar nur die Arten und Sammelbezeichnungen aufgeführt. Auch die Topfgrößen, anhand derer man auf die Größe der Pflanzen hätte schließen können, bzw. Wuchs- und Habitusformen werden nicht genannt.

[121] ThStA Ru, Hofmarschallamt Sondershausen Nr. 501, Bl. 27; Mitteilung Schäfers an das Hofmarschallamt vom 6. August 1844: „(...) das Anstreichen der Orangenkübel betreffend bemerkt der Unterzeichnente daß 23 neue Orangenkübel wie jedes Jahr mit weißer Firnißfarbe angestrichen werden müssen, da außer dem gefälligen Aussehen eine größere Haltbarkeit hierdurch erzielt wird. Der Kostenanschlag beläuft sich auf ungefähr 8 Thaler (...) Schäfer"; Bl. 36.

[122] ThStA Ru, Hofmarschallamt Nr. 540, Bl. 101ff., Bl. 113: „17. Januar. Die der Verschiedenheit der Ansichten über die dem neuen Warmhause zu gebende Stellung, und bei der (...) heit [unleserlich] der dabei anzuwendenden Construction aus Eisen, dürfte es sich nicht rechtfertigen lassen, den Bau, der in dieser Weise bedeutend mehr kostet, als bei der alten Construction aus Holz, auszuführen, ohne vorher noch einen zweiten Sachverständigen gehört zu haben. Da nun ohnehin mit dem Bau nicht sogleich begonnen werden kann, so wünschen wir, daß Sie einen auswärtigen competenten Sachverständigen zu Rathe ziehen, der außerdem noch über die Zweckmäßigkeit der Wasserheizung statt der in der Zeichnung angedeuteten befragt werden könnte. Wir lassen Ihnen zu diesem Behufe die beiden Zeichnungen zum Warmhause wieder zugehen, und sehen Ihrer weiteren Berichterstattung entgegen. Schwarzb. Ministerium I. Abtheilung", Bl. 166; ThStA Ru, Hofmarschallamt Nr. 546, Bl. 1, 8, 12, 16; die Autorin dankt Frau Staat für den Hinweis; ThStA Ru, Schlossbaucommission Nr. 401, Bl. 38, 61–67, 71–73.

[123] ThStA Ru, Schlossbaucommission Nr. 400, Bl. 13.

[124] ThStA Ru, Schlossbaucommission Nr. 401, Bl. 61–67, 85, 87–90.

[125] Es handelt sich hier um eine neue, nicht historische Bezeichnung.

[126] ThStA Ru, Hofmarschallamt Sondershausen Nr. 519, Bl. 270.

[127] ThStA Ru, Bauverwaltung Sondershausen, Bl. 397.

[128] ThStA Ru, Hofmarschallamt Sondershausen Nr. 578.

Literaturverzeichnis

Alberti, Leon Battista: Zehn Bücher über die Baukunst, ca. 1432, Übersetzung von Max Theuer, Wien/Leipzig 1912.

Allendorff, Walter: Kulturpraxis der besten Kalt- und Warmhauspflanzen. Für Handelsgärtnereien und Privatgärtnerei, Leipzig 1895.

Bärnighausen, Hendrik; Thimm, Günther; Ohl, Manfred: Schloß Sondershausen mit Park (Amtlicher Führer der Stiftung Thüringer Schlösser und Gärten), München/Berlin 1997.

Bertuch, Justin (Hg.): Fortsetzung des Allgemeinen Teutschen Garten Magazins, oder gemeinnützige Beiträge für alle Theile des praktischen Gartenwesens, Weimar 1822.

Beyer, Jürgen; Seifert, Jürgen: Weimarer Klassikerstätten. Geschichte und Denkmalpflege (Arbeitsheft des Thüringischen Landesamtes für Denkmalpflege, Bd. 5), Bad Homburg u. a. 1994.

Boeckler, Georg Andreas: Architectura Curiosa Nova (...) die lustreiche Bau und Wasserkunst (...), 5 Teile, Nürnberg 1644–1698 und 1704.

Brandler, Gotthard; Márássy, Eva-Mariá von; Thimm, Günther: Sommerpalais und Park Greiz (Amtlicher Führer der Stiftung Thüringer Schlösser und Gärten), München/Berlin 1998.

Brunner, Otto: Adeliges Landleben und europäischer Geist, Salzburg 1949.

Caus, Salomon de: Les Raisons des Forces mouvantes avec diverses machines tant utiles que plaisantes, Bd. II: Fontaines, Frankfurt/M. 1615, Reprint Amsterdam 1973.

Ders.: Hortus Palatinus a Friderico Rege Boemiae Electore Palatino Heidelbergae exstructus, Frankfurt/M. 1620.

Ders.: Hortus Palatinus – Die Entwürfe zum Heidelberger Schlossgarten, Frankfurt/M. 1620, Reprint Worms 1980.

Colonna, Francesco: Hypnerotomachia Poliphili, 2 Bde., Venedig 1499, Reprint Padua 1964.

Commelyn, Jan: Nederlantze Hesperides, dat ist Oeffening en Gebruik van de Limoen- en Oranje Boomen, Amsterdam 1676.

Decker, Paul: Fürstlicher Baumeister oder Architectura Civilis, wie grosser Fürsten und Herren Palläste mit ihren Hoefen, Lusthäusern (...), Erster Theil, Augsburg 1711.

Ders.: Des Fürstlichen Baumeisters Anhang zum Ersten Theil, Augsburg 1713.

Ders.: Fürstlicher Baumeister, Anderer Theil, welcher eines Königlichen Pallastes General-Prospect, Grund- und Aufzug (...) vorstellet, Augsburg 1716.

Dézallier d'Argenville, Antoine Joseph: La Théorie et la practique du jardinage, Paris 1722.

Ders.: Die Gärtnerei sowohl in ihrer Theorie oder Betrachtung als Praxis oder Übung, Augsburg 1731.

Dietrich, L. F.: Encyklopädie der gesamten niederen und höheren Gartenkunst. Eine ausführliche und auf die neuesten Erfahrungen begründete Darstellung der Obst-, Gemüse-, Blumen- und Landschafts-Gärtnerei, des Weinbaus und der Treiberei in allen ihren Formen (...), Leipzig 1860.

Egger, Gerhart: Barocke Architektur als Ausdruck imperialer Ideen, in: Alte und moderne Kunst, Bd. 20/138, 1975, S. 15–23.

Ein Hauch von Gold, Pomeranzen und Gartenkunst im Passauer Land, hg. vom Landkreis Passau, Regensburg 2005.

Ekart, Tobias: Betrachtungen über bildende Landschafts-Gartenkunst in einer erläuternden Beschreibung des fürstlichen Parks zu Sondershausen, Potsdam 1840.

Enge, Torsten Olaf; Schröer, Carl Friedrich: Gartenkunst in Europa 1450–1800, Köln 1994.

Erkelens, Wies: Orangenbäume im Besitz der Prinzen von Oranien, vor allem auf Het Loo, in: Oranien–Orangen–Oranienbaum. Ergebnisband des von der Kulturstiftung Dessau-Wörlitz durchgeführten Symposions 1997, hg. von der Kulturstiftung Dessau-Wörlitz, München/Berlin 1999, S. 92–102.

Ferrari, Giovanni Battista: Hesperides, sive de malorum aureorum cultura et Usu Libri Quatuor, Rom 1646.

Finkenstedt, Thomas: Der Garten des Königs, in: Probleme der Kunstwissenschaft, Bd. 2, Berlin 1966, S. 183–209.

Der Greizer Park. Garten – Kunst – Geschichte – Denkmalpflegerische Konzeption (Berichte der Stiftung Thüringer Schlösser und Gärten, Bd. 3), München 2000.

Gröschel, Claudia: „Die goldenen Äpfel“. Zitrusfrüchte zwischen antikem Mythos, Herrschaftssymbol und bildender Kunst, in: Der Süden im Norden. Orangerien, ein fürstliches Vergnügen, Regensburg 1999, S. 6–13.

Dies.: Von der Götterfrucht zum Konsumgut. Die Karriere der Zitrusfrüchte in der bildenden Kunst, in: Oranien–Orangen–Oranienbaum, hg. von der Kulturstiftung Dessau-Wörlitz, München/Berlin 1999, S. 137–148.

Hajós, Beatrix: Die Schönbrunner Schlossgärten, Wien u. a. 1995.

Hajós, Geza: Die Dritte Natur, in: Gartenkunst. Bilder und Texte von Gärten und Parks, Katalog der 284. Sonderausstellung des Historischen Museums der Stadt Wien, Wien 2002.

Hamann, Heinrich: Die Entwicklung der Orangerien in Deutschland, in: Schirarend, Carsten; Heilmeyer, Marina: Die Goldenen Äpfel. Wissenswertes rund um die Zitrusfrüchte, Berlin 1996.

Ders.: Bemerkung zur Entwicklung des abschlagbaren Pomeranzenhauses in Deutschland, in: Der Süden im Norden. Orangerien, ein fürstliches Vergnügen, Regensburg 1999, S. 20–28.

Handwörterbuch des Deutschen Aberglaubens, Bd. 2, Berlin 1938–1941.

Hansmann, Wilfried: Baukunst des Barock. Form, Funktion, Sinngehalt, Köln 1978.

Ders.: Gartenkunst der Renaissance und des Barock, Köln 1983.

Hantsch, Hugo: Die Familie der Grafen von Schönborn und die künstlerischen Beziehungen zwischen Franken und Wien, in: Jahrbuch für Landeskunde von Niederösterreich und Wien, N.F., Bd. 21, H. 3/4, 1928, S. 218–230.

Heckmann, Hermann: Matthäus Daniel Pöppelmann – Leben und Werk, München/Berlin 1972.

Hederich, Benjamin: Gründliches mythologisches Lexikon, Leipzig 1770.

Heilmeyer, Marina: Die Medici, Villa Castello und die Zitrusfrüchte, in: Schirarend, Carsten; Heilmeyer, Marina: Die Goldenen Äpfel. Wissenswertes rund um die Zitrusfrüchte, Berlin 1996, S. 58–60.

Held, Gerd: Orangen. Wie die Südfrucht in den Norden kam, in: Die Zeit, Nr. 8 vom 19. Februar 1993, S. 40.

Hennebo, Dieter; Hoffmann, Alfred: Geschichte der Deutschen Gartenkunst, Bd. 2: Der architektonische Garten – Renaissance und Barock, Hamburg 1965.

Hentschel, Sibylle: Orangerien in Thüringen, Diplomarbeit an der Fachhochschule Erfurt 1998.

Hirschfeld, Christian Cay Lorenz: Theorie der Gartenkunst, Leipzig 1779–1785.

Hoimann, Sibylle: Zwischen „Treibe Hauß“ und Wintergarten. Das Lange Haus in Belvedere bei Weimar, in: Orangerien – Von fürstlichem Vermögen und gärtnerischer Kunst (Schriftenreihe des Arbeitskreises Orangerien in Deutschland e.V., Bd. 4), Potsdam 2002, S. 83–94.

Hübner, Wolfram: Das Galeriegebäude im Großen Garten in Hannover-Herrenhausen, in: Niederdeutsche Beiträge zur Kunstgeschichte, Bd. 30, 1991, S. 119–166.

Kleiner, Salomon: Schönborn-Stichwerk (Gräflich Schönbornsche Bauten in Österreich), um 1722/23 (Schlossbibliothek Pommersfelden, Alte Bibliothek, Sign. XLV, 49).

Ders.: Wahrhaffte und eigentliche Abbildung der (...) Chur-Fürstlich-Mayntischen Favorita (...), Augsburg 1726.

Ders.: Wahrhafte Vorstellung beyder Hoch-Gräfl. Schlösser Weissenstein ob Pommersfeld und Geibach. Das Erste in Zwanzig, das andere in sieben versch. Prospekten und Grundrissen, Augsburg 1728.

Ders.: Wunderwürdiges Kriegs- und Siegs-Lager des unvergleichlichen Heldens unserer Zeiten (...) Eugenii Francisci Hertzogen zu Savoyen und Piemont (...), Augsburg 1731–1740.

Ders.: Schönborn-Schlösser – Mit einer Lebensbeschreibung des Maximilian von Welsch, hg. von Karl Lohmeyer, Heidelberg 1927.

Knopp, Norbert: Das Garten-Belvedere. Das Belvedere Liechtenstein und die Bedeutung von Ausblick und Prospektbau für die Gartenkunst, München/Berlin 1966.

Koch, Hugo: Sächsische Gartenkunst, Berlin 1910.

Koch, Ursula: Der Kaisersaal in Schwarzburg, in: Rudolstädter Heimathefte, Jg. 17, 1971, S. 103–106, 148–153, 192 201.

Dies.: Kaisersaal Schwarzburg (Schnell & Steiner Kunstführer), München/Zürich 1993.

Laß, Heiko; Schmidt, Maja: Belvedere und Dornburg, Petersberg 1999.

Lutze, Günther: Aus Sondershausens Vergangenheit, Bd. 1, Sondershausen 1905.

Mandirola, F. Augustinus: Der Italiänische Blumen- und Pomeranzen Garten, 3 Bücher, Nürnberg 1674.

Möller, Hans Herbert: Gottfried Heinrich Krohne und die Baukunst des 18. Jahrhunderts in Thüringen, Berlin 1956.

Morin, Pierre: Traitte de la culture des orangers, Paris 1676.

Münzenmayer, Rosemarie: Die Orangerie in Weikersheim von ihren Anfängen bis heute, in: Arbeitskreis Orangerien, Tagungsbericht 2, Potsdam 1996, S. 53–86.

Neu entdeckt. Thüringen – Land der Residenzen, Ausstellungskatalog der 2. Thüringer Landesausstellung in Sondershausen, hg. von Konrad Scheurmann und Jördis Frank, 3 Bde., Mainz 2004.

Nordmann, Norbert: Orangerien und Gewächshäuser im Kulturraum Altbayern, in: Ein Hauch von Gold, Pomeranzen und Gartenkunst im Passauer Land, hg. vom Landkreis Passau, Regensburg 2005.

Oranien – Orangen – Oranienbaum. Ergebnisband des von der Kulturstiftung Dessau-Wörlitz durchgeführten Symposions 1997, hg. von der Kulturstiftung Dessau-Wörlitz, München/Berlin 1999.

Panofsky, Erwin: Herkules am Scheideweg und andere antike Bildstoffe in der neueren Kunst (Studien der Bibliothek Warburg, Bd. 18), Leipzig/Berlin 1930.

Paradiese der Gartenkunst in Thüringen. Historische Gartenanlagen der Stiftung Thüringer Schlösser und Gärten, hg. v. Helmut-Eberhard Paulus (Große Kunstführer der Stiftung Thüringer Schlösser und Gärten, Bd. 1), Regensburg 2003.

Paulus, Helmut-Eberhard: Die Schönbornschlösser in Göllersdorf und Werneck (Erlanger Beiträge zur Sprach- und Kunstwissenschaft, Bd. 69), Nürnberg 1982.

Ders.: Orangerie und Teatro. Ein Beitrag zur Orangerie des Barock, in: Ars Bavarica, Bd. 31/32, 1983, S. 77–88.

Ders.: Salomon Kleiner (1703–1761), Vedutenzeichner im Auftrage des Hauses Schönborn, in: Ars Bavarica, Bd. 33/34, 1984, S. 125–138.

Ders.: Die Grafen von Schönborn als Bauherrn, in: Schönere Heimat, Erbe und Auftrag, Bd. 78, 1989, S. 3–8.

Ders.: Die Orangerie als Ideal, in: Jahrbuch der Stiftung Thüringer Schlösser und Gärten, Bd. 2 (1997/98), Lindenberg 1999, S. 103–127.

Ders.: Ruhmestempel und Orangeriebelvedere – der Kaisersaalbau und das Orangerieparterre von Schloß Schwarzburg, in: Jahrbuch der Stiftung Thüringer Schlösser und Gärten, Bd. 5 (2001), Lindenberg 2002, S. 9–24.

Ders.: Orangerie und Kaisersaal von Schloß Schwarzburg (Amtlicher Führer der Stiftung Thüringer Schlösser und Gärten), München/Berlin 2002.

Perelle, Gabriel: Veües des belles Maisons de France, Paris ca. 1700.

Person, Nicolaus: Hortus et Castrum Geibach Domino Fundi Humillime Praesentata, Mainz o. J.

Picinellus, D. Philippus: Mundus symbolicus in Emblemata universitate formatus, explicatus et tam sacris, quam profanis Eruditionibus ec Sententis illustratus (lateinische Ausgabe), Köln 1681.

Pöppelmann, Matthäus Daniel: Vorstellung und Beschreibung des von Sr. Königl. Majestät in Pohlen und Churfürstl. Durchl. zu Sachsen erbauten so genannten Zwinger-Gartens Gebäuden oder Der Königl. Orangerie zu Dresden, Dresden 1729.

Pontanus, Johannes Jovianus: De Hortis Hesperidum, sive de cultu citriorum, Venedig 1513.

Ders.: J.J. Pontani de hortis Hesperidum sive de cultura ad illustrissimum principem Franciscum Gonzagam Marchionem, Mantuae libri II, Florenz 1520 (ca. 1490 verfasst).

Raschauer, Oskar: Die Orangerie zu Schönbrunn, in: Österreichische Zeitschrift für Kunst und Denkmalpflege, Bd. 12, 1958, S. 21–28.

Saudan-Skira, Sylvia; Saudan, Michel: Orangerien. Paläste aus Glas vom 17. bis zum 19. Jahrhundert, Köln 1998 (deutsche Ausgabe).

Schirarend, Carsten: Von Apfelsine bis Zitrone, in: Schirarend, Carsten; Heilmeyer, Marina: Die Goldenen Äpfel. Wissenswertes rund um die Zitrusfrüchte, Berlin 1996, S. 12–15.

Ders.; Heilmeyer, Marina: Die Goldenen Äpfel. Wissenswertes rund um die Zitrusfrüchte, Berlin 1996.

Schriftenreihe des Arbeitskreises Orangerien in Deutschland e. V., Bd. 1–4, Potsdam.

Schwammberger, Adolf: Vom Brauchtum mit der Zitrone, Nürnberg 1965.

Seiler, Michael: Schmuck und Präsentation von *Citrus* (Übersetzung aus dem „Traite de la Culture des orangers" von Jean de La Quintinie), in: Arbeitskreis Orangerien, Tagungsbericht 1, Potsdam 1992, S. 111–134.

Ders.: Die Idealgestalt des Orangenbaumes am Hofe Ludwig XIV., in: Schirarend, Carsten; Heilmeyer, Marina: Die Goldenen Äpfel. Wissenswertes rund um die Zitrusfrüchte, Berlin 1996, S. 75–78.

Serlio, Sebastiano: Tutte l'opere d'Architettura, 5 Bde., Venedig 1619, Reprint 1964.

Sickler, J. V.: Der vollkommene Orangerie-Gärtner oder vollständige Beschreibung der Limonen, Citronen und Pomeranzen, oder der Agrumi in Italien und ihrer Cultur, Weimar 1815.

Der Süden im Norden. Orangerien, ein fürstliches Vergnügen, Regensburg 1999.

Tschira, Arnold: Orangerien und Gewächshäuser (Kunstwissenschaftliche Studien, Bd. 24), Berlin 1939.

Volckamer, Johann Christoph: Nürnbergische Hesperides, 4 Bde., Nürnberg 1708.

Ders.: Continuatio der Nürnbergischen Hesperidum, Nürnberg 1714.

Wenzel, Werner: Die Gärten des Lothar Franz von Schönborn 1655–1729 (Frankfurter Forschungen zur Architekturgeschichte, Bd. 3), Berlin 1970.

Westrum, Geerd: Studien zu Orangerien des barocken Heiligen Römischen Reiches 1648–1806, Diss. Phil., Salzburg 1974.

Wimmer, Clemens Alexander: Geschichte der Gartentheorie, Darmstadt 1989.

Ders.: Die Orangerie als Festraum, in: Arbeitskreis Orangerien, Tagungsbericht 1, Potsdam 1992, S. 165–168.

Ders.: Die Verbreitung der Zitrusarten im Renais-sance- und Barockgarten, in: Schirarend, Carsten; Heilmeyer, Marina: Die Goldenen Äpfel. Wissenswertes rund um die Zitrusfrüchte, Berlin 1996, S. 79–82.

Ders.: Von denen Lust- und Blumen-Bäumen. Das Kübelpflanzensortiment in Renaissance und Barock, in: Allerley Sorten Orangerie (Schriftenreihe des Arbeitskreises Orangerien in Deutschland e. V., Bd. 3), Potsdam 2001, S. 72–87.

Wo die Zitronen blühen. Historische Arbeitsgeräte, Kunst und Kunsthandwerk, Katalog zur Ausstellung in der Orangerie im Neuen Garten 2001, hg. von der Stiftung Preußische Schlösser und Gärten Berlin-Brandenburg, Potsdam 2001.

Zedler, Johann Heinrich: Großes vollständiges Universal-Lexikon aller Wissenschaften und Künste, 64 Bde., Halle/Leipzig 1732–1750.

Glossar

Amphitheater: Begriff für die aus der Form des antiken Amphitheaters abgeleitete, in sich geschlossene Orangerie; zumeist unter Verwendung oder Verdopplung des Teatromotivs

Ananas(gewächs)haus: besonders konstruiertes Treibhaus zur Anzucht und Kultivierung von Ananas, ausgestattet mit einem Hochbeet, auch Lohbeet genannt, das von unten entweder durch eine Mistkammer mit Mist oder mit Wasser- oder Kanalheizungen erwärmt wurde, meist nach Südosten ausgerichtet

Boskett: künstliches Wäldchen; ein sorgfältig gestalteter, aus Strauch- und Baumgehölzen dicht bepflanzter, zumeist in geometrischen Formen beschnittener Gartenbereich

Boulingrin: vertieft angelegter Rasenplatz im Parterre- oder Boskettbereich

Erdhaus: niedriges Pflanzenhaus mit maximal 2,50 Meter Firsthöhe, dessen Fußboden 0,50–0,70 Meter unter dem angrenzenden Gelände liegt. Wegen der relativ geringen Raumhöhe dienen Erdhäuser vorzugsweise als Vermehrungshäuser

Garteninspektion, auch -direktion: Behörde am Hof, verantwortlich für die Neuanlage und Pflege der herrschaftlichen Gärten

Hesperiden: nach der antiken Mythologie die Töchter der Nacht und des Atlas, die ganz im Westen der antiken Welt auf ihrer im Ozean (Okeanos) gelegenen Insel den Baum mit den Goldenen Äpfeln umsorgen. Sie gewähren dort auch Phoebus Apoll nach der Tagesfahrt über den Himmel ein Nachtlager. Zu den Heldentaten des Herkules gehörte auch der Raub der den olympischen Göttern vorbehaltenen Goldenen Äpfel, was ihm allerdings erst nach der Überwindung des mit der Bewachung des Hesperidengartens betrauten Ungeheuers Ladon gelang. Die Äpfel der Hesperiden werden in der Antike mit Zitrusfrüchten (Zitronat-Zitrone) gleichgesetzt

Hibernaculum (lat., Winterquartier): mittelalterlicher und frühneuzeitlicher Begriff für ein Pflanzenüberwinterungshaus, das später als Orangerie bezeichnet wurde

Kalthaus: Konservationshaus mit einer Mindesttemperatur von 1–2° C bzw. 5–8° C zum Abhärten von Kulturpflanzen und zur Überwinterung von Pflanzen mit geringen Wärmeansprüchen aus Südeuropa, Teilen Nordafrikas, dem südlichen Nordamerika, China oder Japan; auch Frigidarium genannt

Kamelienhaus: siehe Kalthaus; Pflanzenhaus zur Überwinterung und Kultivierung von Kamelien, oft auch eine Abteilung in einem Pflanzenhaus mit unterschiedlichen klimatischen Abteilungen

Kompartiment (frz., Abteilung, Feld): durch Achsen klar voneinander geschiedene Abteilungen innerhalb einer Gesamtanlage

Mistbeetkasten, Treibkasten, Kasten: kleine, niedrige Einrichtung aus Holz oder Stein, mit Fenstern bedeckt, zur Anzucht von kleinen Nutz- und Zierpflanzen

Neuholländerhaus: siehe temperiertes Haus; Pflanzenhaus zur Überwinterung von Exoten aus Australien (damalige Bezeichnung Neuholland), oft auch eine Abteilung in einem Pflanzenhaus mit unterschiedlichen klimatischen Abteilungen

Orangenhain: siehe Pomeranzenwäldchen

Orangerie: heute überwiegend Bezeichnung für das Gebäude zur Überwinterung der Zitrusbäume und frostempfindlichen Kübelpflanzen. Vom 16. bis zum 18. Jahrhundert vorrangig Begriff für die Sammlung von Zitrus- und südländischen Kübelpflanzen, insbesondere auch für den Platz im Garten, an dem die Orangen- oder Zitrusbäumchen in mobilen Kübeln ihre Aufstellung fanden

Orangerie, im Grund stehende: siehe Pomeranzenhaus, abschlagbares und Pomeranzengarten; in den Garten ausgepflanzte Citrusbäumchen

Orangeriegebäude: im Unterschied zur ursprünglich schlichten Winterung oder dem der Klimatisierung dienenden Gewächshaus ein über die schlichte Aufbewahrung der Pflanzen hinaus auch der gesellschaftlichen Nutzung dienendes Gartenhaus oder Lustgebäude mit Festsaal, das in einem gartenarchitektonischen Zusammenhang zur Orangerie steht

Orangerieparterre: für die Aufstellung der Citrusbäumchen oder anderer Kübelpflanzen im Sommer gestaltetes Parterre in gestalterischer Einheit mit dem Orangeriegebäude oder in die Gestaltung des Barockgartens integriert; siehe Parterre

Orangerieschloss: repräsentativ ausgestaltete Kombination aus höfischem Wohngebäude (Appartement, Festsaal) und Orangeriegebäude; Gebäude, das beiden Funktionen gleichermaßen gerecht wird

Palmenhaus: Konservationshaus zur Überwinterung von Palmen, im 19. Jahrhundert häufig große Bauten in Glas-Eisen-Konstruktion

Parterre: ebene, mit unterschiedlichen Schmuckbeeten ausgestattete Fläche des Gartens, zumeist im Barockgarten verwendet und häufig unmittelbar vor dem Schloss- oder Gartengebäude gelegen

Pleasureground: sorgfältig gestalteter und intensiv gepflegter, in Schlossnähe gelegener Parkbereich als Verbindungsglied zwischen den Blumengärten, die er umschließt, und dem Park

Pomeranze: Bitterorange, die in den Orangerien des Barock am häufigsten kultivierte Zitrusart, die im Unterschied zur Apfelsine bittere, aber aromatische Früchte trägt

Pomeranzengarten: vorrangig mit Zitrusbäumchen, aber auch mit Zypressen, Lorbeer- oder Olivenbäumchen räumlich begrenzter, gestalteter Gartenbereich, über welchem im Winter das abschlagbare Pomeranzenhaus errichtet wurde

Pomeranzenhaus: frostfreies Überwinterungsgebäude, dass durch den hauptsächlichen Anteil von darin zu überwinternden Zitruspflanzen bzw. Pomeranzen seinen Namen erhielt; zu Beginn der Zitruskultivierung in Deutschland im 16. bis ins 17. Jahrhundert wurden häufig abschlagbare Häuser errichtet, die im Herbst barackenähnlich aus Holz um die in der Erde ausgepflanzten Bäumchen (siehe auch Pomeranzengarten) herum errichtet und im Frühjahr wieder abgebaut wurden

Pomeranzenhaus abschlagbares: zum Winterschutz auf- und abschlagbarer Holzverschlag für die im Grunde stehenden Orangerien und Zitrushaine; speziell für die in den Boden ausgepflanzten südländischen Gewächse als Urform der Orangerie entwickelte Architektur (Winterverschläge)

Pomeranzenstube: seit dem 15. Jahrhundert mit der humanistischen Sammelleidenschaft aufkommender winterlicher Aufbewahrungsort (z. B. Oranje-Stooves) für die in Kübeln kultivierten Pomeranzen und Pflanzen der klassischen Antike

Pomeranzenwäldchen: wie das von Sandro Botticelli im Auftrag Lorenzo de' Medicis geschaffene Gemälde „Primavera" überliefert, bilden Pomeranzenwäldchen eine Metapher für den Garten der Venus, für den immer währenden Frühling und für die Hochzeit; wohl eine neuplatonische Interpretation des Hesperidengartens

Simplicia, auch Semplici: Heilkräuter (u. a. Lavendel, Rosmarin, Salbei), die insbesondere in den Kräuter-, Küchen- und Arzneigärten gestalterische Verwendung fanden

Sommerplatz der Orangerie: Aufstellort der Orangeriepflanzen im Sommer, entweder in speziell dafür gestalteten Gartenbereichen, wie dem Orangerieparterre oder dem Orangeriegarten, zumeist zusätzlich in gestalterischer Einheit mit repräsentativen Gebäuden oder Gebäudeteilen, wie z. B. Gartenfassaden, Entrees oder Schlosshöfen, oder im Bereich vor den Orangerien selbst, im 19. Jahrhundert zunehmende Integration von Kübelpflanzen in die Blumenbeetgestaltung in Blumengärten, Sondergärten oder im Pleasureground

Sonnenfang: über einer Glasfassade gewölbte Dachkonstruktion, die zur Verbesserung der Licht- und Wärmeeinstrahlung und des Winterschutzes diente

Teatro: im Grundriss halbrunde Architekturform, die einen zirkelförmig umgrenzten Platz bühnenartig ausgestaltet; seit dem 16. Jahrhundert als Zitat der antiken Welt verstanden (Palladio); häufige, insbesondere in den Niederlanden beliebte Grundform für die Gestaltung von Orangerieanlagen

Temperierte, gemäßigte Häuser: Konservationshaus mit einer Mindesttemperatur von 3 – 5 °C, bzw. 4 – 8 °C. Sie dienen der Überwinterung der Pflanzenarten aus gemäßigten oder sub-

tropischen Ländern, wie Nordafrika, Kapland, Australien (Neuholland; siehe Neuholländerhaus), China, Japan, Chile, Peru oder den atlantischen Inseln; auch Tepidarien genannt

Treibhaus: Pflanzenkulturhaus, in dem Zier- und Nutzpflanzen von den Jahreszeiten unabhängig getrieben wurden; besteht aus einer gemauerten Rückwand nach Norden

Warmhaus: Konservationshaus mit einer Mindesttemperatur von 8 – 12 °C bzw. 12 – 18 °C. Warmhäuser dienen der ganzjährigen Aufnahme oder Überwinterung von wärmebedürftigen Pflanzen aus tropischen Gegenden, wie Ost- und Westindien, Brasilien, Afrika und Amerika; auch Kalidarien genannt

Zitrus: im Sprachgebrauch üblicher Sammelbegriff für Citrusarten (Zitronen, Orangen, Pampelmusen, Limonen, Mandarinen etc.); die ursprünglich aus Asien stammenden Gewächse gelangten bereits in der Antike nach Europa und wurden im 16. Jahrhundert in Deutschland eingeführt; immergrün, Früchte und stark duftende Blüten gleichzeitig tragend

Abbildungsnachweis

Archiv Dane, Weimar: S. 66

Kunstsammlungen der Veste Coburg: S. 85; Inv.-Nr. F 825: S. 62

H. Lange, Die fürstliche Residenz Sondershausen um 1900, Bd. 1: S. 124

Catrin Lorenz, Weimar: Außentitel Rückseite, S. 10, 90, 92,

Museum für Regionalgeschichte und Volkskunde Gotha (Stiftung Schloss Friedenstein): S. 55

Parkverwaltung Greiz: S. 78, 79 links

Helmut-Eberhard Paulus, Rudolstadt: S. 33

Helmut-Eberhard Paulus, Repro aus: Giovanni Battista Ferrari, Hesperides, sive de malorum aureorum cultura et Usu Libri Quatuor, Rom 1646 (Frontispiz): S. 12

Helmut-Eberhard Paulus, Repro aus: Jan Commelyn, Nederlantze Hesperides, dat ist Oeffening en Gebruik van de Limoen- en Oranje Boomen, Amsterdam 1676, fol. 39, Nr. 1 und Nr. 2: S. 16, 17

Helmut-Eberhard Paulus, Repro aus: Jan van der Groen, Le Jardinier Hollandois, Amsterdam 1669, in: Carsten Schirarend und Marina Heilmeyer, Die Goldenen Äpfel. Wissenswertes rund um die Zitrusfrüchte, Berlin 1996, S. 79, oberer Teil: S. 20

Helmut-Eberhard Paulus, Repro aus: Salomon Kleiner, Wunderwürdiges Kriegs- und Siegs-Lager des unvergleichlichen Heldens unserer Zeiten (...) Eugenii Francisci Hertzogen zu Savoyen und Piemont (...), Augsburg 1731–1740, Lieferung VIII, Stich 9: S. 27

Helmut-Eberhard Paulus, Repro aus: Gabriel Perelle, Veües des belles Maisons de France, Paris ca. 1700: S. 28 oben, 28 unten

Helmut-Eberhard Paulus, Repro aus: Georg Andreas Boeckler, Architectura Curiosa Nova (...) die lustreiche Bau und Wasserkunst (...), Nürnberg 1644–1698 und 1704, hier: Band IV, Taf. 33: S. 29 oben

Helmut-Eberhard Paulus, Repro aus: Francesco Colonna, Hypnerotomachia Poliphili, Venedig 1499, Reprint Padua 1964: S. 29 unten

Helmut-Eberhard Paulus, Repro aus: Salomon Kleiner, Wahrhaffte und eigentliche Abbildung der (...) Chur-Fürstlich-Mayntischen Favorita (...), Augsburg 1726: S. 30

Helmut-Eberhard Paulus, Repro aus: Paul Decker, Fürstlicher Baumeister oder Architectura Civilis, wie grosser Fürsten und Herren Palläste mit ihren Hoefen, Lusthäusern (...), Erster Theil, Augsburg 1711, Tafel 21: S. 31 oben

Helmut-Eberhard Paulus, Repro aus: Hugo Koch, Sächsische Gartenkunst, Berlin 1910, Abb. 53: S. 31 unten

Helmut-Eberhard Paulus, Repro aus: Matthäus Daniel Pöppelmann, Vorstellung und Beschreibung des von Sr. Königl. Majestät in Pohlen und Churfürstl. Durchl. zu Sachsen erbauten so genannten Zwinger-Gartens Gebäuden oder Der Königl. Orangerie zu Dresden, Dresden 1729: S. 32

D. Rimbach, Bad Liebenstein: S. 45

Schlossmuseum Arnstadt: S. 119

Schlossmuseum Heidecksburg: S. 93

Schlossmuseum Sondershausen: S. 117

Staatliche Bücher- und Kupferstichsammlung Greiz: S. 70, 72

Stiftung Thüringer Schlösser und Gärten: S. 34, 74, 75, 94 unten, 112, 123 oben, 123 unten; (Foto: Constantin Beyer, Weimar): S. 71, 110, 111 oben, 118; (Foto: Jürgen M. Pietsch, Spröda): S. 69; (Foto: Helmut Wiegel, Bamberg): Außentitel vorne, S. 6, 8, 37, 42, 44, 46/47, 52, 53, 56/57, 60, 61, 65, 68, 76/77, 79 rechts, 82, 83, 86, 95, 96, 97, 102, 103, 104/105, 106, 108, 109, 111 unten, 114, 115, 116, 125, 128, 129; (Lageplan: Roswitha Lucke, Erfurt): S. 50, 51, 67, 81, 88, 89, 100, 101, 107, 113, 132, 133; Repro aus: Johann Christoph Volckamer, Nürnbergische Hesperides, Bd. 1, Nürnberg 1708, S. 38: S. 41

Stiftung Weimarer Klassik und Kunstsammlungen: S. 94 oben

Thüringisches Landesamt für Denkmalpflege: S. 64

Thüringisches Landesmuseum Heidecksburg: S. 98, 99 oben links, 99 oben rechts

Thüringisches Staatsarchiv Gotha: S. 54, 87

Thüringisches Staatsarchiv Gotha, Staatsministerium Abt. Gotha, Kartenkammer Nr. 176/6: S. 59

Thüringisches Staatsarchiv Rudolstadt: S. 99 unten, 123 Mitte

Universitätsbibliothek Erlangen-Nürnberg: S. 33